PAUL MIMANDE

CRIMINOPOLIS

PRÉFACE DE

LÉON DE TINSEAU

C · L

PARIS

CALMANN LÉVY, ÉDITEUR

RUE AUBER, 3, ET BOULEVARD DES ITALIENS. 15

A LA LIBRAIRIE NOUVELLE

1897

CRIMINOPOLIS

IMPRIMERIE CHAIX, RUE BERGÈRE, 20, PARIS. — 12440-9-96. — (Encre Lorilleux).

PAUL MIMANDE

CRIMINOPOLIS

PRÉFACE DE

LÉON DE TINSEAU

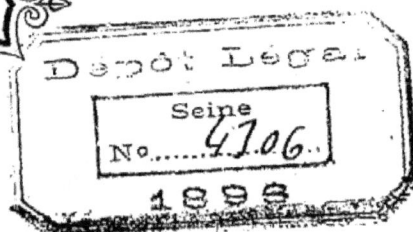

C·L

PARIS

CALMANN LÉVY, ÉDITEUR
ANCIENNE MAISON MICHEL LÉVY FRÈR S
3, RUE AUBER, 3

1897

PRÉFACE

Pour peu qu'on ait fait soi-même une centaine de milliers de kilomètres sur les grandes
et petites mers du globe, on dresse l'oreille
quand un monsieur laisse échapper devant vous
qu'il arrive de l'Océanie. Voilà comment, à l'origine, je fus mis en contact avec Paul Mimande.
Je l'approchai d'abord avec une réserve dont il
me donnait l'exemple, je dois le dire. On se
méfie, entre *globe-trotters*, au moins autant qu'on
se méfie entre chasseurs, nul n'étant capable
de « raser » son voisin d'une aussi épouvantable
façon qu'un Ulysse ou qu'un Nemrod en habit

a

noir. Mais je fus rassuré très vite en découvrant que mon Ulysse était modeste, quelque peu timide, et qu'il fallait lui arracher ses aventures. Il n'avait pas, dans sa poche, *son volume* tout humide ; la Société de Géographie attendait encore sa première conférence : elle l'attend toujours, si je ne m'abuse point.

Au surplus, ses aventures étaient d'un genre tout spécial et très nouveau pour moi, qui suis un touriste du genre inutile et convaincu, de ceux qui ne cherchent pas le désolant truquage dans le « vestige du passé », et gobent la légende avec gloutonnerie. Nous avions *fait* les diverses parties du globe terrestre dans un ordre d'idées tout différent. J'avais baisé dans la poussière les pas, quelquefois terriblement effacés, des héros et des héroïnes de la fable, de l'histoire, du roman. J'avais aimé Cléopâtre avec Antoine, Hélène avec Pâris, Virginie avec Paul, Atala avec Chactas, madame Chrysanthème avec ses nombreux adorateurs, le tout sur place, dans le décor, avec preuves et reliques à l'appui.

Je me suis laissé montrer, sans résistance, l'empreinte du pied de notre premier père dans l'île de Ceylan et l'un des morceaux du bois de l'Arche au pied du Mont Ararat. On voit que j'appartiens à la vieille école.

Tout au contraire, Paul Mimande a suivi dans leurs odyssées lointaines ces fameuses victimes de la Cour d'assises, du Conseil de guerre, ou même de nos « dissensions politiques », pour qui, dans un temps, la France tout entière s'est passionnée. Souvent il n'a trouvé que des tombes : la vallée de Chamonix vaut mieux que celles de la Guyane ou de la Nouvelle-Calédonie pour obtenir des centenaires. Mais il a rapporté certains détails posthumes qui touchent au document historique. Il a pris, d'ailleurs, quelques centaines d'*interviews* à des héros et des héroïnes pleins de vie, sinon de remords, dont un seul ferait la fortune d'un journaliste. Enfin il a pu, quelquefois, méditer en face de l'asile désormais vide, célèbre à tout jamais, de ces Communards, qui sont devenus de grands hommes et des femmes illustres sur le sol de la Patrie rendue à leur amour. Bref, je me suis dit, en écoutant Paul Mimande, que ses souvenirs de voyage, bien dans la note du jour, ne ressemblent en rien à ceux qu'on lit d'ordinaire. Lui-même, d'ailleurs, est un type peu banal.

Pareil à ces voyageurs avisés qui emmènent avec eux leur cuisinier et leur médecin, il navigue toujours entre deux compagnons : le Philosophe et l'Humoriste. Mais les trois ne font qu'un : *hi tres unum sunt* : Paul Mimande.

Ce qui m'a séduit à première vue dans cet homme d'esprit, c'est sa qualité d'esprit tout à fait rare en France, qu'on appelle le *humour*, et qui est la poudre sans fumée de la conversation. Dire un mot drôle sans rire soi-même aux éclats, par avance, de la drôlerie, mettre l'auditeur en joie sans l'avoir prévenu d'abord qu'il doit se tenir les côtes, c'est un don qui a fait de quelques écrivains étrangers des chefs d'école, mais qui est peu dans l'exubérante nature française. Paul Mimande le possède et je le lui envie fort. Quelque jour il le manifestera mieux encore que dans ce livre, qui touche à des questions redoutables. Sera-ce dans un roman, ou dans un drame, ou bien dans un vaudeville? A mon sens, l'auteur de *Criminopolis* n'a que l'embarras du choix. Lisez plutôt le chapitre des mariages à la Nouvelle-Calédonie. Quelle mine d'or pour un Maupassant, pour un Augier ou pour un Scribe! Ceux-là sont morts, je le sais : mais c'est déjà quelque chose pour un homme que de tremper sa plume, parfois, dans l'encrier de Mark Twain.

Dans le trio dont je parlais tout à l'heure, le philosophe — j'allais dire le médecin — joue naturellement le rôle ingrat. Est-il capable de guérir de leurs maladies sociales — ou anti-sociales — ces déshérités qui sont trop souvent les héritiers de fautes ou de crimes commis par d'autres? Même en admettant que le mal soit curable, j'ai peur que la boîte à médecine de ce voyageur au pays du Châtiment ne soit dépourvue de certaines drogues de haute utilité. J'avoue d'ailleurs ne point partager, à l'égard des remèdes violents, son antipathie, qui fait, dans tous les cas, l'éloge de son bon cœur.

Mais, comme il arrive souvent, le cuisinier bouscule un peu les théories du médecin. L'humoriste Paul démolit volontiers la consultation de Mimande le philosophe. Les deux compères ont maille à partir ensemble quelquefois, ce dont je suis loin de me plaindre. Ces gourmades discrètes, fort amusantes pour la galerie, communiquent aux impressions du narrateur un caractère suprême de sincérité. Car, si nous frémissons d'horreur à la vue de certaines déviations monstrueuses de l'âme humaine, devons-nous blâmer celui qui, dépeignant les maux soufferts par de grands coupables, se souvient qu'il a sous les yeux des frères déchus?

J'ai dit à Paul Mimande — et je n'ai pas la prétention d'être le seul — qu'il devrait donner au public ces souvenirs peu ordinaires de voyage. Très simplement il a fait le livre; puis l'Humoriste m'a joué le bon tour de me demander une préface, à moi qui suis l'ennemi des préfaces. L'heureux homme! Il a conservé assez de jeunesse dans l'esprit, assez d'illusion au cœur, pour se figurer que ceux qui lisent aujourd'hui prennent encore le temps et la peine de flairer le hors-d'œuvre Qu'on s'étonne, après cela, de certaines émotions de sa sensibilité, de certains espoirs de sa philosophie!

LÉON DE TINSEAU.

AVANT-PROPOS

Les explorateurs et les voyageurs plus ou
moins professionnels se sont emparés, depuis
quelques années, de la faveur du public :
leurs narrations, notes et conférences, avec ou
sans projections lumineuses, ont hypnotisé la
badauderie, parce qu'elles ont su faire vibrer
une corde nouvelle du cabotinage moderne.
Désormais, il suffit qu'un homme, préalable-
ment muni d'une ombrelle, d'un casque de
liège, d'énormément d'aplomb et d'un peu
d'orthographe, soit conduit par les hasards de
la vie sur le pont du premier paquebot venu,
puis soit transporté de l'autre côté de l'Équa-

teur avec le reste du chargement, pour que cette
circonstance lui confère le droit, ou, pour
mieux dire, l'impérieuse obligation d'initier
ses contemporains, sinon la postérité, aux
détails de ses actes les plus insignifiants, de
dévoiler *urbi et orbi* le secret banal des pensées
quelconques, souvent puériles, qui ont germé
dans son cerveau par tel ou tel degré de
latitude [1].

De là, se pavanant derrière les vitrines, des
volumes innombrables vêtus de robes multicolores dont la coupe, les dimensions, l'élégance,
varient suivant le goût artistique et la générosité des éditeurs.

Grâce à cette littérature spéciale, basée tout
entière sur l'égotisme astucieux ou candide,
les itinéraires de Marseille à Yokohama, du
Havre à Tahiti, de Bordeaux à Colon-
Aspinwall, sont aussi connus que les escales

---

1. Il est bien entendu que je ne fais pas ici allusion aux
quelques explorateurs sérieux, vaillants et désintéressés dont
le courage, l'énergie, l'admirable dévouement ont rendu de
grands services à la science et à la patrie.

pont de Bercy à la Grande-Jatte, et il n'est
plus guère de concierge dans la rue Mont-
martre ou le quartier de la Villette qui ne soit
en état de parler *marine* comme un vieux cor-
saire, et de pérorer doctement sur les inappré-
ciables avantages de l'expansion coloniale.

Je pourrais, à mon tour, revendiquer le privilège de confier aux foules le récit de mes
aventures particulières, car, moi aussi, autant,
plus peut-être que MM. X... et Y..., qui ont
reçu pour cela de belles médailles, j'ai habité
les Antipodes, vécu sous les Tropiques, séjourné
dans des pays extravagants, fréquenté des
primates et des antropophages.

Mais rassurez-vous : rien n'est plus loin de
ma pensée. Je ne vous infligerai pas le cruel
supplice, dont je serais d'ailleurs la première victime, de recommencer à votre intention le tour du monde en l'aggravant par l'ana-
lyse de mes sentiments, par le recueil exact
de mes accidents, maladies ou repas man-
qués, par la description — depuis la cale
jusqu'à la barbe du capitaine, — des navires

de nationalités et de tonnages différents qui
m'ont aidé à traverser les océans.

Tout autre est mon dessein.

Loin de moi l'outrecuidante et très ridicule
prétention de jouer au petit Christophe Colomb
parce qu'il aura pu m'arriver de parcourir
quelques kilomètres dans des régions où ne
s'étaient point encore posés les pieds de mes
congénères. Ce que j'ai vu, chacun peut le voir
et les documents humains que j'ai rassemblés
sont à la portée de quiconque prendra, comme
moi, la peine d'aller les récolter sur place. Je
confesse ingénûment que je ne suis pas plus,
hélas! un homme technique, un savant, qu'un
de ces hardis inventeurs de « voies de péné-
tration » à travers des pays mystérieux dont
on prononce les noms en éternuant. Je suis
tout bonnement un modeste et simple touriste.

Mais, veuillez, s'il vous plaît, ne point vous
méprendre sur la définition de ce substantif,
car il y a touriste et touriste, comme il y a
fagot et fagot.

Il y a le touriste qui voyage pour changer

de place, par manie vagabonde ou par sno-
bisme et ne rapporte dans ses pénates que
des rhumatismes, de la dyspepsie et des objets
de panoplie achetés sans discernement dans
les bazars exotiques.

Il y a aussi le touriste qui regarde autour
de lui, écoute et réfléchit. Mon seul mérite est
d'appartenir à cette seconde catégorie.

Ayant rencontré en chemin une question de
haute portée philosophique et sociale, celle de
la répression des criminels, je fus tenté de la
considérer de près ; aussitôt elle me passionna
tellement, que je n'hésitai pas à m'exiler pendant plusieurs années en Nouvelle-Calédonie
et à la Guyane afin d'en poursuivre l'étude.

J'ai visité dans tous leurs coins et recoins ces
deux colonies pénitentiaires où le régime du
bagne est appliqué suivant des méthodes iden-
tiques, mais dans des conditions très différentes et je crois pouvoir affirmer que j'ai vu
défiler devant moi tout ce que notre pays a
produit de forçats depuis une génération, tout
ce qu'il a, jusqu'ici, fourni de relégués. Je n'ai

pas à me reprocher d'avoir laissé passer un seul bandit tant soit peu qualifié sans qu'il m'ait accordé une interview.

De cette manière, je me suis formé une opinion très personnelle sur les éléments qui entrent dans la composition d'une âme de condamné et qui forment la genèse de la plupart des crimes.

Cette opinion, née spontanément d'une série d'observations prises sur le vif, a bouleversé de fond en comble l'économie du système d'idées toutes faites, un peu vagues, mais opiniâtres comme l'ignorance, que je professais avant d'avoir abordé au pays de la Chiourme.

Le mot *forçat* éveillait en mon esprit — comme il éveille, j'en suis sûr, dans le vôtre — l'image d'un être d'aspect sinistre et féroce, sorte de bête fauve à face humaine, inspirant terreur et dégoût.

Eh bien ! maintenant, ce mot n'a plus pour mon oreille la même consonance ni pour mon cerveau la même signification : je ne le prononce plus avec colère, mais avec pitié.

La « Vindicte publique » me semble une idée barbare, une idée de nègre, et la guillotine m'apparaît comme une monstrueuse mécanique. J'estime que si la « justice des hommes » se déclare satisfaite par leur fonctionnement combiné, c'est qu'en vérité elle n'est pas difficile. Pourquoi ne dirais-je pas toute ma pensée? Je suis de ceux qui ne reconnaissent point à la Société le droit de tuer, parce qu'ils ne sont pas très sûrs qu'elle ait le droit incontestable de punir.

Entendons-nous, cependant, et ne vous hâtez pas de vous détourner de moi comme d'un dangereux utopiste. Je ne supprime pas la répression, loin de là : je l'exige, au contraire, sérieuse et énergique. Mais, — et toute ma théorie est basée sur ce *mais*, — je n'en fais pas un but ; j'en fais un simple moyen thérapeutique concourant à amener la régénération morale qui doit être l'unique objectif.

Je la veux raisonnée, graduée, dosée comme une ordonnance de médecin et essentiellement variable, suivant les sujets, dans ses applications.

Qu'est-ce, en effet, qu'un crime ?

Le dictionnaire de la langue française dit :
« c'est la violation grave de la loi morale,
religieuse ou civile. »

La définition du Code pénal (article premier)
est celle-ci :

« Tout attentat dirigé contre les personnes,
les biens ou la sûreté publique, toute infraction
que la loi punit d'une peine afflictive et infa-
mante ».

Qu'est-ce qu'un criminel ?

Le dictionnaire, le Code et Calino répondent
en chœur : « C'est celui qui commet un crime. »

A prendre au pied de la lettre ces définitions
qui ne sont pas des chefs-d'œuvre, tout individu ayant commis l'une des infractions citées
plus haut serait punissable. Il n'en est rien,
cependant, car une condition essentielle s'impose pour que le châtiment soit infligé : il faut
que le violateur de la loi soit responsable de
son acte.

Par conséquent, on est obligé d'admettre
deux classes de criminels : les inconscients, re-

connus comme non coupables, et les conscients, regardés comme coupables.

Les premiers sont enfermés dans des asiles ou maisons de santé.

Les seconds sont enfermés dans des bagnes, cellules et cachots et même, le cas échéant, mis à mort par strangulation, décapitation ou électrocution.

La fonction du juge consiste précisément à discerner les responsables des irresponsables. J'ose soutenir qu'il est impossible de remplir une telle mission avec une équité qui se rapproche suffisamment de l'équité idéale, par cette raison péremptoire que c'est là une tâche surhumaine, dont, seule, est capable la justice immanente et divine ; j'ose soutenir que la catégorie des responsables est extrêmement restreinte, et c'est pourquoi je considère le bagne comme un vaste hôpital *sui generis*, où l'on doit mettre en œuvre une médication toute particulière.

En d'autres termes, et afin de montrer que j'ai le courage de mes syllogismes, je prétends que les criminels sont, pour la plupart, des déments d'une espèce particulière que nous devons mettre dans l'impossibilité de nuire, mais dont nous avons le devoir étroit de tenter la guérison.

Le bacille du crime éclot et grandit suivant qu'il trouve un *habitat* plus ou moins favorable ; parfois, son développement va jusqu'à la folie caractérisée. Cela est si vrai, que dans les Péni-tenciers-dépôts de la Nouvelle-Calédonie et de la Guyane, il existe un quartier spécial réservé aux aliénés.

Les « tranquilles » sont enfermés en commun dans de grandes cases où ils se promènent, monologuent, sifflent, chantent, geignent, grif-fonnent sur des bouts de papier sale avec une ardeur fébrile. Toutes les manies y sont repré-sentées ni plus ni moins qu'à Sainte-Anne ou à Bicêtre : manie religieuse, manie des gran-deurs, manie de la persécution.

Les « furieux » sont isolés dans des cellules où, jour et nuit, ils poussent d'affreux et la-mentables hurlements.

Or, tranquilles et furieux sont des forçats en *cours de peine* et figurent sur les feuilles de présence de l'effectif pénal : on se borne à mentionner en face de leur nom et de leur numéro matricule cette mention : indisponible.

Voilà donc un certain nombre de malheureux, bien et dûment reconnus fous par la médecine, qui expient des attentats « dirigés contre les personnes et la sûreté publique », comme dit le code. Ils ont, à la vérité, commis ces attentats avant que la folie se fût déclarée ; mais qui osera affirmer que déjà elle ne les possédait point ? Et, s'il en est ainsi, quelle foi nous inspirent les arrêts afflictifs et infamants qui les ont frappés, les considérant comme des criminels conscients ? Je ne crois pas manquer de respect aux cours et tribunaux non plus qu'à l'institution du jury en disant que la visite du quartier des aliénés-forçats m'a toujours laissé rêveur.

Je ne peux me défendre de supposer qu'il y a beaucoup de chances pour que la folie spontanée ou héréditaire, cachée dans les replis de

la matière grise cérébrale de ces hommes, ait
été la cause directement impulsive des actes
juridiquement criminels perpétrés par eux. De
toute évidence, ils sont actuellement privés de
l'usage de leur volonté. Mais, — j'en appelle à
l'ombre même de Torquemada, — on ne peut
soutenir sans paradoxe qu'au moment de
« l'affaire », comme on dit là-bas, ils étaient
en pleine possession de leur libre arbitre.

Voyons maintenant ce qu'il faut penser de
l'ensemble des forçats, de ceux qui n'ont donné
signe ni de folie, ni d'alcoolisme congénital.
Compulsons, par exemple, les dossiers des
condamnés enfermés dans un de ces Péniten-
ciers-dépôts auxquels je faisais allusion tout à
l'heure. Immédiatement, une remarque très
importante va nous frapper : sur un total de
douze cents individus, nous en trouvons en
moyenne *onze* qui appartiennent aux classes
dites bourgeoises, *alias* dirigeantes, — notaires,
ecclésiastiques, bacheliers, employés, etc...; les
autres sont gens du menu peuple, dont la
moitié est complètement illettrée ; plus d'une

centaine sont enfants naturels ; quelques-uns ont été condamnés en même temps et pour le même fait que leur père ou leur mère. Interrogeons-les.

En général, ils répondent sur un .ton qui veut être respectueux, mais en employant des expressions grossières, en se servant du vocabulaire de l'argot le plus bas, ce qui est un certificat d'origine absolument topique. Leur attitude n'est point embarrassée, car la timidité est fille de l'éducation, laquelle leur est totalement étrangère. Aucune manifestation ni de repentir, ni de honte, ni de tristesse. La livrée qu'ils portent n'est pas le moins du monde pour eux une tunique de Nessus, et ils ne comprennent pas que c'est un symbole d'infamie. A l'heure de la soupe, on peut constater que ces gens-là ont rarement eu à leur disposition du bouillon, même très clair, et des haricots, même à l'huile ; jamais ils ne se plaignent des hamacs, pourtant fort peu confortables, encore moins ragoûtants, et qui sont le rendez-vous favori des puces, des pu-

naises et autres parasites. Évidemment, ils
n'ont pas fréquenté, dans la vie libre, le café
Anglais ou le pavillon d'Armenonville, et ils
ont couché plus souvent à l'hôtel de la belle
étoile que dormi sur le duvet et sous les cour-
tines de brocart d'un caravansérail à la mode.
Se nourrir à sa faim et s'étendre sur quelque
chose de moins dur qu'une pierre, voilà qui
est, pour certains, la réalisation d'un idéal à
peine entrevu ; et ils en éprouvent une satisfaction qui compense la perte de la liberté.

Quant aux onze bourgeois, c'est une autre
gamme : ceux-là passent leur temps en cellule
et leur « feuillet de punitions » s'allonge sans
cesse. Ils sont paresseux, insolents, réclameurs,
ignoblement vicieux et très insubordonnés. Eux
non plus ne manifestent pas de repentir, mais
ils ont la compréhension très nette de leur
abaissement et ils en ressentent une souffrance
qui se traduit en rodomontades cyniques : telles
ces misérables prostituées qui s'efforcent, pour
braver le mépris public, d'étaler bruyamment
leur impudeur.

Je vois encore un grand brun aux traits réguliers, au regard dur, m'abordant un papier à la main :

— Vous m'obligeriez, monsieur, me dit-il avec désinvolture, si vous vouliez bien remettre de ma part cette lettre au gouverneur : ce sont de ces services qu'on ne se refuse pas entre gens du monde.

Et du ton d'un gentleman qui s'excuse de n'avoir pas été présenté dans les formes, il ajouta :

— Je suis le comte de X...

Ce personnage prétendait être un fils naturel de Victor-Emmanuel ; il avait eu de fort belles relations et avait fréquenté des salons tout à fait bien cotés.

Plusieurs vols compliqués de faux — dont le dernier atteignait deux cent mille francs — l'avaient arraché à la compagnie des marquises pour le conduire dans celle des galériens. Mettre les pieds en équerre et les mains sur la couture du pantalon pour répondre à un simple surveillant révoltait ses habitudes aris-

tocratiques. Aussi était-il mis souvent au pain
sec.

La différence considérable de nombre exis-
tant entre les onze cent quatre-vingt-neuf
pauvres hères d'un pénitencier et les onze
bourgeois constitue, j'ai pu m'en convaincre,
une proportion normale.

Elle démontre ceci : à savoir que les forçats
se recrutent presque exclusivement dans les
dernières couches du peuple et qu'au moment
où ils arrivent au bagne, ils n'ont qu'une
très confuse notion de leur ignominie[1]

Est-ce à dire que les fils de manants viennent au monde avec des instincts pires que
les fils de bourgeois?

On s'indignerait contre l'énoncé d'une pareille proposition. Et ce serait à juste titre, car
dame nature, qui est égalitaire comme pas une,
a, depuis longtemps, inséré dans ses arrêts que

---

1. Je les prends — il convient d'insister sur ce point —
lorsque, tous frais émoulus de la Cour d'assises, ils viennent de
débarquer du bâtiment transport. L'influence du régime pénitentiaire n'a pas encore agi sur eux.

tous les enfants naissent dans un même état
de nudité et de laideur, poussant le même
vagissement plaintif. Qu'ils fassent leurs débuts
en ce monde sur un grabat ou sur un lit capi-
tonné, ils apportent avec eux la même moyenne
de bien et de mal, d'instincts vertueux et de
penchants funestes.

Neuf fois sur dix, leur destinée morale est
affaire de milieu et d'éducation, par conséquent
de hasard.

Le petit miséreux commence à souffrir à
partir du moment où l'on entoure ses membres
d'un torchon grossier en guise de langes ; le
petit riche commence à jouir aussitôt qu'on
l'enveloppe de fine batiste brodée et parfumée,
et, dès lors, celui-là ne cessera plus de pâtir
ni celui-ci d'être heureux.

Le premier, jeté dans la rue sans un baiser,
sans une caresse, sans une main qui se tende,
sans un conseil, croupissant dans l'ignorance
parmi les filles et les chevaliers du trottoir, ne
voyant autour de lui qu'abjections, exemples
abominables, deviendra fatalement un coquin,

s'il n'a une âme d'élite : le second, choyé, dor-
loté, cultivé comme une plante rare, vivant
en pleine lumière intellectuelle, deviendra
nécessairement un honnête homme, à moins
que son âme ne soit forcément perverse.

Jamais il ne viendra à l'esprit du petit bourgeois de dérober un morceau de charcuterie à
un étalage.

Cette probité est-elle indice de supériorité ?

Non : elle prouve tout bonnement qu'il a
chez lui du foie gras.

— Mais, me dira-t-on, que faites-vous du
proverbe : « bon chien chasse de race » ? que
faites-vous de l'atavisme ?

Je répondrai que je n'en fais rien du tout
au point de vue psychique.

Si le fils d'une gourgandine et d'un cambrioleur est presque fatalement voué à la maison de correction, puis au bagne, voire même
à l'échafaud, ce n'est point parce qu'il est issu
d'un accouplement de criminels, mais parce
qu'il a grandi à côté d'eux et de leurs compagnons. Enlevez-le tout eune aux parents indi-

gnes qui l'ont engendré, et rien ne s'opposera
à ce qu'il vaille autant que vous et moi.

Dans le cas où mon affirmation vous paraî-
trait hasardée, paradoxale, révolutionnaire et
de mauvais goût, allez, je vous prie, en Nouvelle-Calédonie, faites-vous conduire à la ferme-
école où sont élevés les fils des forçats et au
couvent où sont placées leurs filles, prenez des
renseignements et vous serez contraints de
reconnaître que tous se conduisent à merveille.
En revenant de cette excursion, arrêtez-vous
dans la belle Australie, faites-vous présenter
chez des magistrats, chez des membres du
parlement, chez des négociants archi-million-
naires : ces messieurs vous recevront avec une
courtoisie parfaite et vous inviteront à dîner,
mais vous ferez preuve de tact en vous abste-
nant de prononcer le mot *convict*, car il y a
des chances pour que votre amphitryon soit le
petit-fils ou l'arrière-petit fils d'un forçat.

Voilà, ou je me trompe beaucoup, un argument péremptoire comme un fait.

Et pourquoi ce fait s'est-il produit ?

Par cette seule raison que l'enfant a été soustrait au milieu délétère pour être placé dans un milieu sain où l'on a désinfecté son âme.

La théorie des milieux que je ne crains pas, pour mon compte, de pousser à ses conséquences extrêmes — puisque je mesure la responsabilité, c'est-à-dire la culpabilité réelle du délinquant, à son étiage intellectuel et moral, — cette théorie très moderne a déjà pénétré de son esprit généreux les systèmes pénitentiaires du monde civilisé.

Désormais, on a posé partout officiellement le problème de la régénération du condamné aux travaux forcés et l'on poursuit officiellement sa difficile solution. C'est avouer tacitement, mais clairement, qu'à côté de l'accusé affalé sur son banc, entre deux gendarmes, dans le prétoire des assises, on commence à distinguer la silhouette d'un complice, jusqu'alors invisible, dont l'influence a été déterminante et qui s'appelle la Société ; c'est admettre *ipso facto* l'étroite parenté qui unit la misère et le crime ; c'est reconnaître enfin, bon gré mal gré, la part qui nous revient, à nous autres honnêtes gens, dans la perpétration quotidienne des drames, des meurtres, des attentats de toute nature dont s'alimente la rubrique « faits divers » et grâce auxquels les prisons se procurent des locataires gratuits et obligatoires.

Il convient, à mon avis, de s'en réjouir comme d'un triomphe remporté sur l'hypocrisie séculaire de notre pharisaïsme, comme d'une révolution qui sera certainement féconde.

Déjà des résultats extrêmement intéressants, comme j'aurai occasion de le montrer, ont été obtenus, en dépit de l'imperfection de méthodes encore rudimentaires et qui parfois, dans leur incohérence, vont à l'encontre du but. Certes, l'on sent très bien que les règlements ont été rédigés par des plumes timides, effarées d'avoir à formuler en style administratif des idées nouvelles ; mais il faut tenir grand compte de l'effort sincèrement accompli, l'apprécier à son mérite et ne pas s'étonner si, de temps en temps, on constate que, semblable à l'âne de Balaam, la vieille routine a regimbé en secouant ses longues oreilles par manière de protestation. Ne demandons pas l'impossible ; n'exigeons pas que des hommes de cabinet s'élancent à perdre haleine, comme de petites folles, dans le chemin du progrès : félicitons-les plutôt de s'y être courageusement engagés à leur allure qui, je le reconnais volontiers, n'est pas vertigineuse.

Certes, durant ce voyage à travers le bagne, je serai souvent forcé de les prendre en défaut, eux et leurs lois ; néanmoins, j'aurai parfois l'occasion de souligner leurs bonnes intentions. Ma critique et mes louanges seront exemptes de partis pris et, en cela, je néglige volontairement, avec témérité, un élément de succès.

Dauber l'administration me vaudrait, je le sais, d'utiles réclames ; soutenir que tout est pour le mieux dans le meilleur des mondes me procurerait, je ne l'ignore point, les suffrages de la puissante et nombreuse famille Pangloss.

Mais que voulez-vous ? Ainsi que me le

reprochait naguère, très aimablement d'ailleurs, un de mes plus illustres confrères, je suis un être un peu bizarre : j'éprouve l'invincible besoin d'écrire librement ce que je pense et de semer des idées tirées de mon propre sac.

CRIMINOPOLIS

CHAPITRE PREMIER

DE TOULON EN OCÉANIE

Un peu d'histoire. — Le décret de 1867. — Mécanisme
imparfait.

La domination britannique s'est étendue
depuis deux siècles sur un si grand nombre
de territoires d'outre-mer jadis baptisés et pos-
sédés par nous, qu'il n'est point désagréable
de rappeler que nos chers voisins ont, pour
une fois, servi de parrains involontaires à
l'une de nos plus charmantes conquêtes. Notre
célèbre « Nouvelle » porte, en effet, l'estampille
d'Albion, et voici comment la chose advint.

1

Lorsque, il y a de cela un peu plus de quarante ans, l'amiral Febvrier-Despointes, suivant
la route déjà prise par le navigateur Cook,
pénétra, par une étroite déchirure au milieu
des grands récifs madréporiques situés entre
le 161e et 164e degré de longitude est et le 20e
et 28me degré de latitude sud, son escadre
se trouva bientôt en face d'une île verdoyante,
à l'aspect riant, aux rives gracieusement fes-
tonnées par une succession de criques arron-
dies. La carte marine désignait ce point inex-
ploré du globe par les mots *New Caledonia.*

Au lieu de chercher midi à quatorze heures
et de se creuser la tête pour inventer un
autre vocable, l'amiral résolut de franciser tout
bonnement celui-là, et, pour le faire, il ordonna
de planter sur la crête de la falaise un pavillon, immédiatement salué par les canons du
Catinat auxquels, de toutes parts, répondirent
des échos étonnés.

L'exquise Calédonie n'en demanda pas davantage pour se donner à nous. Loin d'imiter
certaines régions maussades et laides dont nous

ne nous sommes emparés qu'au prix de bien
des luttes sans compensation, elle se contenta
de la gaillarde sommation d'un vaillant marin
pour se laisser aborder et pour dénouer en
souriant sa ceinture de corail.

*
* *

Devenus ainsi maîtres des richesses inépui-
sables que recèlent les montagnes, du sol
fertile de ses vallées, qu'avons-nous su en
faire ?

Rien, d'abord, pendant dix ans ; — car ce
n'est vraiment pas la peine de mentionner les
piteuses tentatives de quelques pauvres diables,
épaves lamentables qui s'en vinrent échouer sur
la plage. Mais, au bout de ces dix ans, un des
ministres de Napoléon III eut une idée géniale.

— Nous possédons, dit-il à ses collègues, une
colonie splendide, un climat parfaitement salu-
bre (c'est, d'ailleurs, la seule dans ce genre
là), où n'existent ni reptiles venimeux, ni
insectes nuisibles, ni aucunes autres bêtes sau-

vages que les habitants, un pays où l'Européen
peut vieillir en costume de bain de mer, sans
se bourrer de quinine et sans redouter l'ané-
mie, où il suffit de gratter le sol pour en faire
sortir du nickel, du cobalt, du chrome, où les
arbres sont chargés de fruits savoureux...

— C'est un Eden ! s'écria le Conseil.

— J'allais le dire. Eh bien, cet Eden, ce
coin béni des dieux, est tout à fait ce qu'il
faut pour y installer...

— Des usines et des fermes-modèles ?

— Vous n'y êtes pas du tout.

— Quoi donc, alors ?

— Le bagne !

Et le ministre développa son plan. On refou-
lerait les Canaques dans le nord de l'île comme
les Anglais avaient refoulé les Aborigènes de
l'Australie et, grâce à la puissante main-
d'œuvre des forçats on fonderait, en face de
Sydney et de Melbourne grandissantes, de
magnifiques cités qui feraient la nique à
John Bull.

Un tel discours était fait pour plaire à ce

philanthrope nuageux, à ce Schœlcher couronné
qu'était le dernier des Napoléon. Sous son
épaisse moustache à la hongroise, sa bouche
énigmatique eut un sourire d'approbation ; il
prit sa plume de Tolède — don des Montijo — et
signa le décret (septembre 1863) qui affectait
la Nouvelle-Calédonie, concurremment avec la
Guyane, à l'internement des condamnés aux
travaux forcés.

Dès 1864, l'*Iphigénie* amena de Toulon un
premier convoi de deux cent quarante-huit galériens. Ceux-ci, en débarquant, purent s'écrier
comme l'ambassadeur de Venise à Versailles :
ce qui m'étonne le plus, c'est de m'y voir !

En effet, le choix de la pimpante Calédonie
pour servir d'asile à la douleur et au crime
constituait évidemment un acte saugrenu, étant
donné la supériorité de son climat sur celui
de toutes les autres colonies. Mais enfin, c'était
une solution et, à tout prendre, une fois la
chose accomplie et le système accepté, il est
juste de reconnaître qu'on pouvait en attendre
de grands résultats au point de vue des tra-

vaux publics, de l'exploitation métallurgique, de la mise en valeur des forêts et des terres arables.

Or, jusqu'ici, personne n'a ouï parler de ces merveilles, par la raison péremptoire que les résultats dont je parle demeurent à l'état d'embryon. Pourtant, les deux cent quarante-huit forçats de 1864 sont devenus sept mille; on leur a même adjoint deux mille relégués pour arrondir le chiffre. Neuf mille paires de bras, c'est une main-d'œuvre formidable, semble-t-il! Avec son aide, feu Chéops, le pharaon bâtisseur, aurait certainement soumissionné l'entreprise de construire, en quelques années, un pendant à la grande pyramide.

On est donc fondé à s'étonner de cette stagnation prolongée, et le plus vulgaire logicien n'hésitera pas à en conclure ceci : pour qu'un outil d'une telle puissance, fonctionnant sans interruption depuis vingt années, ait produit si peu de choses, il faut nécessairement que son mécanisme ait subi de singulières avaries, ou qu'on ne sache pas s'en servir.

Ce logicien ne se tromperait guère. Oui, l'outil a été faussé dans un de ses rouages essentiels, le rouage qu'on appelle la Colonisation pénale. Pourquoi, par qui, et comment? c'est ce que je me propose d'indiquer. Mais, tout d'abord, je dois décrire le susdit mécanisme, si je veux que mes explications soient claires. Autrement, je passerais pour un homme complètement dénué d'esprit méthodique, habitué à mettre la charrue avant les bœufs et à placer sur ses menus les croquignoles avant le potage.

Je vais, en conséquence, si vous le voulez bien, vous ouvrir les portes du bagne, vous montrer son organisation actuelle, vous signaler les qualités et les défauts de cette organisation au point de vue utilitaire, philosophique, social.

CHAPITRE II

RÉGIME DES FORÇATS

Le voyage. — Débarquement sur la terre d'exil. — Classement
des condamnés. — Affreuse promiscuité. — La « pension ».
— Mœurs ignobles. — La loi du bagne.

D'aucuns se figurent que la transportation
constitue pour messieurs les criminels une
agréable villégiature qui n'a d'autre inconvé-
nient que d'être un peu trop éloignée des boulevards extérieurs ; une légende s'est formée à
ce sujet, et nombre de bourgeois — j'en étais
— s'indignent à la pensée que, de l'autre côté
de la Ligne, des assassins et des voleurs se
gobergent insolemment, et vivent comme coqs
en pâte aux frais du contribuable.

Rien n'est moins exact ; et je vous assure

que les plaisirs réservés aux forçats n'ont aucun rapport avec le genre d'existence qu'on menait à Sybaris.

Prenons-les *ab ovo*, c'est-à-dire à Saint-Martin-de-Ré où, frais émoulus de la Cour d'assises, ils attendent, avec une impatience bientôt regrettée, le départ du navire armé à leur intention. Deux mois environ s'écoulent dans la prison : c'est une sorte de surnumérariat, d'introduction à la vie de galérien. Enfin, la *Ville de Saint-Nazaire* ou la *Calédonie* mouillent sur rade. On prépare les sacs dans lesquels on enferme deux *complets* de toile bise, deux chemises, un hamac, un chapeau de paille; on rase soigneusement cheveux et barbes, puis les voyageurs, vêtus d'un uniforme de droguet, coiffés d'un bonnet, chaussés de « godillots », quittent modestement, en bon ordre, l'hôtellerie que le gouvernement a bien voulu mettre à leur disposition et se rendent à bord.

Aussitôt, on les introduit dans de solides cages ménagées dans l'entrepont du navire à babord et à tribord, et séparées par un couloir

1.

dans lequel se promènent nuit et jour des
matelots armés et des surveillants militaires.
Deux petits canons braqués de chaque côté
sont là pour leur rappeler, en style sym-
bolique, que lorsqu'on ne peut se démettre,
le mieux est de se soumettre.

Le *convoi* se composant d'environ trois cent
cinquante hommes, on est quelque peu entassé
dans ces cabines à claire-voie, et le confortable n'y fait pas compensation au mal de mer ;
en revanche, la discipline y est sévère : une
réponse inconvenante, un refus d'obéir, et
l'homme est descendu à fond de cale, au cachot, les fers aux pieds, pour un temps plus
ou moins long.

Au bout de trois mois de cette navigation
dont l'unique distraction a été la courte promenade hygiénique faite chaque jour, en silence,
sur le gaillard d'avant, on arrive enfin en rade
de Nouméa. Le navire stoppe, les chaloupes à
vapeur de l'administration pénitentiaire « ac-
costent ». Le commandant du Pénitentier-dépôt
se présente pour prendre livraison de son trou-

peau humain. Les « sacs » sont pliés, et les
cages s'ouvrent : on monte sur le pont à la
file indienne. Arrivés au haut de l'échelle, les
forçats trouvent une double haie de Canaques
armés de casse-têtes et de sagaies, la tête ornée
de plumes, et le visage barbouillé mi-parti
de bleu et de rouge. Ce spectacle inattendu
provoque toujours chez eux un ahurissement
extraordinaire qui les clouerait sur place,
si on ne les avertissait par quelques bourrades que leurs moments, appartenant désormais à l'État, sont devenus précieux ; il faut
se hâter de gagner le *home* qui les attend et
sera pour plusieurs le gîte définitif.

En peu de minutes, on est sur le quai de
l'île Nou. C'est là qu'on a établi le Pénitentier-
dépôt, ensemble de vastes constructions, com-
prenant des cases de condamnés, un quartier
cellulaire, de spacieux ateliers, des magasins,
des casernes, un magnifique hôpital.

On peut y loger plus de deux mille hommes.

Une compagnie d'infanterie, destinée à prêter main-forte en cas de révolte, y tient garnison.

Pendant ce temps, les dossiers ont été transmis par le capitaine du navire au directeur de l'administration. Celui-ci les examine avec soin, et procède à un groupement provisoire, opération fort délicate et très importante, semblable à celle que ferait un jardinier chargé de séparer des fruits tombés, dont les uns sont entièrement rongés par les vers, alors que les autres, bien que tachés, peuvent néanmoins, après quelques amputations, être utilement employés.

Ce classement est purement moral et n'a pas de rapport avec les catégories instituées par les règlements et dont je ferai mention tout à l'heure. On répartit ensuite les condamnés suivant leurs aptitudes ou leurs connaissances professionnelles.

Ces différentes formalités accomplies et les noms immatriculés sur un registre d'écrou, la peine des travaux forcés va recevoir son exécution : la porte de la géhenne s'est ouverte devant ces hommes, et s'est refermée sur eux.

Ici commence à se dresser un point d'interrogation fort digne de curiosité : il s'agit de savoir si tout est désormais fini, si le galérien n'est plus qu'un numéro, un instrument à face humaine, qu'on fera travailler jusqu'à ce qu'il soit usé ou brisé, un misérable regardé avec horreur, qui n'a plus de famille, plus de patrie, et qui, écrasé sous le poids d'un inexorable mépris, s'enlisera chaque jour davantage, le désespoir au cœur, dans une fange sans fond.

Tel était l'ancien bagne de Toulon, l'affreuse chiourme : et certes, il fallait l'imagination d'un Victor Hugo pour que Jean Valjean pût y devenir « monsieur Madeleine ».

Eh bien, ce que le poète avait rêvé n'est pas, je le répète, tout à fait une fiction, depuis que les jurisconsultes, tout en compulsant les articles du code, savent parfois entendre ce que la charité leur murmure à l'oreille.

La Révolution a mis fin aux tortures qu'une ignorance barbare faisait souffrir aux fous, et maintenant quelques-uns de ces malheureux retrouvent la raison et redeviennent des hommes. On n'exorcise plus, on soigne.

Allant plus loin dans cet ordre d'idées, on est arrivé, comme je l'ai dit, à admettre généralement que le criminel, cet autre possédé du diable, est, lui aussi, un malade quelquefois guérissable, et dont il est possible d'assainir l'âme sans, pour cela, que l'idée de justice soit en rien méconnue, sans que la défense de la société soit le moins du monde compromise.

Le moderne *criminal treatement* comporte deux périodes correspondant aux deux phases distinctes de la maladie morale qu'il a pour objectif de vaincre ou, tout au moins, d'atténuer : ce sont, pour la période aiguë, l'*expiation* et, pour la période décroissante, pour la période de convalescence, *la régénération*.

Ce système — immense progrès sur ceux qui l'ont précédé — a pour fondement les principes les plus purs, les plus nobles de la philosophie sociale et si, parfois, sa mise en œuvre est défectueuse (surtout en ce qui concerne la seconde phase), cela tient, non pas à la doctrine dont il émane et qui est irréprochable, mais à l'infériorité intellectuelle des fonctionnaires locaux chargés de l'appliquer et aussi aux difficultés matérielles qu'il rencontre et aux mauvaises volontés stupides qu'on lui oppose.

Bien entendu, un très grand nombre de malades — c'est-à-dire de criminels — n'atteignent jamais la convalescence, c'est-à-dire la régénération, et, semblables à des plantes changées de terrain qui refusent de « reprendre » malgré les soins dont elles sont l'objet, leurs âmes flétries achèvent de se dessécher.

Suivons ces hommes dans la voie douloureuse où tous, avec de différents destins, s'engagent en même temps.

Les forçats sont divisés en trois classes.

Dans la dernière classe, sont compris, mais groupés séparément :

1° Les individus arrivant de la métropole;

2° Les hommes *rétrogradés* par suite de punition ;

3° Les *incorrigibles*.

En un mot, tout ce qui débute et tout le déchet.

Comme de juste, les travaux les plus pénibles leur sont exclusivement réservés, tels que
le creusement des canaux, l'exploitation des
carrières, le cassage et le transport des pierres,
le déchargement des navires, etc... Couchant sur
un lit de camp, enfermés pendant les heures
de suspension du travail, n'ayant, comme ration
normale[1] que le pain et l'eau, ils sont, en
outre, astreints au silence. Cette épreuve ne
peut durer moins de deux ans, et bien rarement on se contente de ce minimun réglementaire.

Le passage à la deuxième classe commence
à rendre visible cette petite lumière qui scin-
tille là-bas, tout au bout du long chemin et
qu'on appelle l'Espérance.

Il va falloir marcher bien longtemps encore
pour s'en rapprocher, car le second cercle de

1. Ils peuvent l'améliorer en méritant des gratifications de
viande, de légumes secs et de café. L'administration se montre
assez large sur ce point et, dans la pratique, la ration normale
est une exception.

l'enfer ne sera franchi, pour les uns, que lorsqu'ils auront accompli la moitié de leur peine; pour les autres, — les forçats condamnés à vingt ans et plus, — qu'après dix ans de présence au bagne.

Que d'occasions de chutes, durant cette longue période! Que de pierres d'achoppement contre lesquelles risque, presque à chaque heure, de trébucher l'âme obscure du criminel!

Sigurd allant délivrer la Walkyrie a moins de luttes à soutenir que le misérable forçat qui s'escrime à traverser l'immonde cohue pour venir s'accouder à la barrière qui le sépare de la société, car il ne lui suffira pas seulement de réussir à éviter les punitions, — problème déjà difficile — mais il devra, en outre et surtout, être armé de toutes pièces contre les tentations et les dangers d'une promiscuité pernicieuse. Si l'on savait combien rapidement cette lèpre morale pénètre jusqu'aux moelles des individus qui pourtant sembleraient en être un peu garantis par les habitudes de leur éducation!

Voici trois cas entre cent que je prends pour types : un homme du monde, un ecclésiastique haut gradé, un bourgeois homme de loi et lettré.

Il y a quelques années, la Cour d'assises de la Seine condamnait aux travaux forcés un nommé P. de la C.., pour avoir tenté d'incendier le somptueux appartement qu'il occupait dans un des beaux quartiers de Paris.

Ce fut une cause célèbre, car P. de la C... appartenait à une excellente famille, c'était un homme intelligent, occupant une belle situation, très répandu, vous avez peut-être comme moi dîné à côté de lui. On l'envoya en Nouvelle-Calédonie, et maintenant il a terminé sa peine; je l'y ai vu, je lui ai parlé. Eh bien, cet ancien gentleman, autrefois élégant et correct, est maintenant sale et dépenaillé; il boit, il vole, il a tous les vices, et passe sa vie en compagnie des libérés les plus abjects.

L'abbé K.., qui fut jadis vicaire-général d'un diocèse et qui a été condamné pour s'être approprié les fonds destinés à quelque œuvre charitable, libéré maintenant, lui aussi, ne pratique plus d'autre culte que celui du « tafia; » des yeux éteints, enfoncés dans une face glabre, les cheveux gris en désordre, la mine piteuse et louche, tel est aujourd'hui l'ancien chanoine dont on faillit faire un prélat.

On n'a pas tout à fait oublié, sur le boulevard, Mary Cliquet, notaire fashionable et auteur dramatique, politicien et financier : plus d'une jolie pécheresse doit posséder encore, dans un coin d'album, sa photographie avec dédicace suggestive et conserver au fond de ce qui lui sert de cœur l'image de ce cavalier aimable, spirituel, bien tourné et surtout fort généreux.

Lugete Veneres! Cliquet, tout récemment encore, poussait la brouette, le torse nu, hâlé par le soleil torride, la double chaîne rivée au pied, classé parmi les incorrigibles, couchant sur la dure avec les plus hideux gredins; et, deux fois par jour, des Canaques le déshabillaient, retournaient ses poches et mettaient leurs doigts crasseux dans sa bouche pour chercher s'il n'y aurait pas caché quelque instrument d'évasion ou de meurtre. Il est mort en cellule [1].

Parler de la contagion de la perversité ambiante qui menace le condamné dès son arrivée au pénitencier m'amènerait logiquement à écrire un chapitre sur les mœurs du bagne et à faire le tableau des monstrueuses passions qui l'agitent. Cela me serait facile et les anecdotes dramatiques et suggestives ne me manqueraient

---

1. Ce Cliquet était vraiment très fort. De complicité avec un nommé Morice, ancien clerc de notaire, il accomplit de véritables tours de force dont un des plus jolis est celui-ci :

Un jour, le colonel X... qui remplissait les fonctions de gouverneur de la Nouvelle-Calédonie, reçut une lettre timbrée « Sénat » et signée du nom du général B..., qui fut ministre de la guerre. Le colonel décacheta et lut :

« Mon cher colonel, vous êtes ou vous allez être gouverneur par intérim de la Nouvelle-Calédonie. J'en profite pour vous recommander tout spécialement un condamné nommé Cliquet qui s'y trouve depuis bientôt trois ans.

» Un de mes collègues du Sénat, l'honorable docteur Garrigat, a déjà écrit « (Lettre également composée par Cliquet) » au médecin en chef de l'hôpital militaire de Nouméa à son sujet. Je m'intéresse aussi beaucoup à lui : son rôle politique dans la Dordogne lui a suscité des ennemis, dont l'acharnement, depuis son arrestation, ne fait que s'accroître.

» Depuis le départ de l'amiral Pallu, il est l'objet de rigueurs imméritées de la part de l'administration pénitentiaire calédo-

point; car je connais des particularités extrè-
mement curieuses sur ce sujet qui tient, hélas!
tant de place dans la vie intime des chiourmes
et qui explique la plupart des forfaits dont
elles sont le théâtre. Je sais bien, d'autre part,
que les pratiques abominables auxquelles je
fais allusion n'ont rien enlevé à la respectabi-
lité conventionnelle et séculaire des notabilités
classiques, témoins Socrate, le prince des sages,

nienne qui, sous des motifs les plus spécieux, se fait l'instrument d'une cabale dont nous connaissons l'origine. Nous avons
tenu avant tout à avoir des renseignements complets et précis;
aujourd'hui nous les avons. Nous ne vous recommanderions
point ce pauvre garçon s'il n'était pas digne d'intérêt. On
demande pour lui un emploi à l'hôpital de Nouméa, où il ne
serait pas mal, paraît-il. Voudriez-vous avoir l'obligeance de
vous assurer s'il est placé et, dans le cas contraire, donner des
ordres pour qu'il y soit envoyé, avec l'agrément du médecin
en chef, bien entendu?

» Recevez, mon cher colonel, etc...

» *Signé :* Général B. »

Se donner tant de peine pour arriver à se faire nommer
infirmier à l'hôpital de Nouméa! Comme il eut mieux valu
rester notaire et conseiller-général dans la Dordogne, se faire
élire député et attendre l'heure du Panama! Cliquet, qui
aimait à citer des vers latins, a dû répéter plus d'une fois :

Ille crucem sceleris pretium tulit, hic diadema.

et Platon, le divin, témoin aussi Virgile, non moins divin, qui n'a pas craint de les célébrer (on nous a même fait apprendre, quand nous étions petits, le célèbre morceau de pornographie poétique commençant par : *Formosum pastor Corydon ardebat Alexim*).

Mais nous ne sommes ni des grecs, ni des latins, ni des compatriotes de « l'intellectuel » Oscar Wilde, et je n'écris point, comme le docteur Tardieu, pour des physiologistes.

Je me garderai, par conséquent, d'entrer dans aucun détail sur ces choses malpropres dont les miasmes délétères saturent de leur pestilence l'atmosphère que respire continuellement le forçat.

J'en ai dit assez pour montrer qu'un malheureux dont l'enfance s'est écoulée dans l'abjection, dont la misère a surexcité les appétits, chez qui le crime semble une résultante presque nécessaire, mérite quelque pitié — j'allais même risquer le mot bienveillance — lorsque, précipité dans le gouffre, il essaie, pour remonter à la surface, de s'accrocher à la paroi glissante.

*
* *

Aux exemples funestes qui l'entourent, vient s'ajouter la terreur que lui inspirent ses sinistres compagnons.

J'ai eu à mon service un libéré qui avait subi cinq ans de travaux forcés pour bigamie : c'était un étrange petit homme que cette victime de l'amour légal ; pommadé, fardé, sautillant, prétentieux, d'ailleurs déplorable domestique ; un de ses ridicules consistait dans un goût exagéré pour l'euphémisme.

Ainsi, quand il était obligé de parler du temps où il portait la livrée de toile bise, il avait coutume de commencer par cette phrase : « Lorsque j'étais *à la pension*... » L'image, par hasard, était juste et se présentait à mon esprit, comme je relisais l'autre jour un volumineux manuscrit dans lequel un forçat raconte les « brimades » imposées aux « nouveaux » alors que,

le soir, les verrous mis, la ronde faite, on
entend s'éloigner le bruit des pas du surveillant de service ; brimades monstrueuses où
l'on grince des dents, où l'on pleure, où l'on
saigne.

Malheur à qui se révolte, à qui se redresse
devant l'horrible tutoiement, à qui ne jure pas
fidélité aux atroces lois du bagne, à qui les
trahit, à qui les dénonce. Et si puissante est
cette impression qu'elle garde toute sa force,
même en présence de la mort.

Il arrive parfois qu'un matin on trouve dans
le coin d'une case un homme râlant, la poitrine trouée de coups de couteau. On relève
le blessé, on interroge ses compagnons : personne n'a rien vu, ni rien entendu; chacun a
dormi d'un sommeil tranquille comme sa
conscience; on questionne la victime qui
répond d'une voix défaillante ne savoir qui l'a
frappée. Quel drame a dû se passer à la lueur
de la fumeuse lanterne qui éclaire vaguement
le sinistre dortoir ! On peut difficilement concevoir une chose plus tragique que cet assassiné,

étouffant ses cris de douleur pour ne pas compromettre ses assassins.

J'ai vu ceci : une escouade de forçats allait partir pour le travail; ils étaient placés sur deux files; on faisait l'appel :

— Un tel, crie le surveillant, tenez-vous mieux que cela ! les talons joints et les mains dans le rang !

L'interpellé essaie d'obéir, mais soudain, livide, il s'affaisse; savez-vous pourquoi il n'avait pas pris la « position réglementaire » ? pourquoi il cachait ses mains sous sa vareuse ? C'est parce qu'il retenait ses entrailles qui sortaient d'une horrible blessure reçue quelques instants avant et dont les auteurs étaient peut-être ses voisins de hamac. Celui-là aussi est mort sans prononcer aucun nom, et, si l'on eut des soupçons, les preuves manquèrent pour atteindre le coupable. Je trouve que l'enfant spartiate avec son renard, dont, au collège, on nous a tant rebattu les oreilles, n'a pas fait mieux.

Le nommé Macé, ancien « correcteur » (forçat

chargé autrefois de donner la schlague), fut
gratifié de dix-huit coups de tranchet dont le
moindre eût tué un honnête homme, mais
qui n'eurent, sans doute par esprit d'anti-
thèse, d'autre conséquence que d'ajouter à la
férocité de sa physionomie l'appoint de
quelques cicatrices. Jamais on ne put tirer de
lui la désignation de ses agresseurs; cependant, comme il est de nature rancunière, il
parvint à concilier sa fidélité à la foi jurée avec
son légitime désir de vengeance! il est aujour-
d'hui le bourreau. On comprend combien,
dans ces conditions, la police a de peine à
recruter ce qu'elle nomme des « indicateurs »
et que les condamnés appellent en leur argot
des « moutons ».

Ces malheureux achètent bien cher quelques
petites faveurs, quelques verres de vin
avalés en cachette.

En 1889, un des condamnés internés au Pénitentier-dépôt s'évada. Comme c'était un bandit
fort audacieux et très redoutable, on mit tout
le monde sur pied pour le rechercher; pen-

dant plus d'une semaine, on battit les buissons, on explora les cavernes de l'île Nou ; le drôle restait introuvable.

On commençait à croire qu'il avait gagné la grande terre, quand, un beau jour, le forçat affecté au service des religieuses de l'hôpital, vieil invalide chevronné, eut besoin d'aller chercher du fourrage pour son cheval; il s'approcha d'un grand tas d'herbe sèche qu'il avait préparé la veille. Mais au moment où il se disposait à y enfoncer sa fourche, l'herbe s'écarta et il en vit surgir un vigoureux gaillard, le couteau à la main, l'œil menaçant. A cette apparition inattendue, il laissa tomber sa fourche : « Cache-moi et tais-toi, » lui dit l'homme à voix basse.

Tremblant comme la feuille, il obéit, remit en place la botte de luzerne et s'éloigna au plus vite. Il sortit du jardin, referma la porte avec soin, mit la clé dans sa poche, et s'en fut conter l'aventure à son surveillant. Cinq minutes après, le fugitif, dûment ligotté, était conduit en lieu sûr.

La supérieure, en apprenant cette capture, s'écria : « Notre pauvre jardinier est un homme mort ! » Elle connaissait bien le triste monde auquel depuis tant d'années elle consacre son dévouement admirable, et sa prophétie fut bientôt réalisée : un mois ne s'était pas écoulé, que le cadavre du vieux galérien gisait la gorge coupée, à côté de son tas d'herbe.

Malgré les murs épais et la triple enceinte du quartier cellulaire, l'appel à la vengeance avait été entendu.

CHAPITRE III

L'EXPIATION

Tribunal maritime. — Une exécution capitale. — Monsieur de l'île Nou. — Réclusion cellulaire : pourquoi c'est un mauvais système de répression. — Une idée américaine. — L'emprisonnement. — La double chaîne. — L'évadé et la petite veuve. — Les « incorrigibles ». — Le camp Brun.

Moins implacable, je l'ai dit, est la vraie loi, celle du code; moins terribles dans leur rigidité sont les règlements disciplinaires.

Il est utile qu'à ce propos, je fournisse quelques explications qui donneront sa véritable physionomie au fameux Eldorado après lequel soupirent, du fond des maisons centrales, tant d'âmes incomprises.

Un tribunal dont le titre officiel est « tribunal

2.

maritime spécial », composé de militaires, de magistrats et de fonctionnaires, statue sur les crimes et délits commis par les condamnés aux travaux forcés.

Les peines qu'il prononce sont :

Pour les attentats contre les personnes et les tentatives de rébellion armée, la mort ;

Pour les évasions, tentatives d'évasion et vols, la réclusion cellulaire pendant une durée de six mois à cinq ans, les travaux forcés, le port de la double chaîne.

. Un mot sur l'application de chacune de ces pénalités.

*
* *

Autrefois, on attendait, pour dresser l'échafaud, que les bureaux de la rue Royale d'abord, la chancellerie de la place Vendôme ensuite, eussent examiné l'affaire ; enfin que le président de la République eût statué.

Les formalités étaient longues, comme bien on pense, et il s'écoulait parfois quinze mois,

— quinze siècles pour celui qui se demandait chaque soir : « Est-ce pour demain ? » — entre le prononcé du jugement et l'admission ou le rejet du recours en grâce. On a simplifié les choses, pensant avec raison que, s'il est malséant de forcer les gens à faire trop longtemps antichambre chez Pluton, il est non moins fâcheux que le châtiment suprême ne suive pas de près le forfait, et perde ainsi beaucoup de sa portée morale[1].

C'est pourquoi le chef de l'État a récemment délégué au gouverneur son pouvoir d'accorder la vie ou de permettre la mort. Toutefois, il a voulu que l'exercice de ce droit régalien fût subordonné à certaines conditions.

Quand un arrêt de mort est prononcé, le conseil privé se réunit et vote sur la question de savoir s'il y a lieu, ou non, de surseoir à l'exécution de la sentence. Que deux membres opinent dans le sens de l'affirmative, et le gouverneur ne peut passer outre : la Parque conti-

---

1. Si tant est que le « châtiment suprême » et la morale puissent fraterniser.

nuera à dévider jusqu'à nouvel ordre le màuvais
fil qu'elle s'apprêtait à couper. Dans le cas
d'un vote défavorable au condamné, la liberté
de décision du gouverneur reste entière : toutefois, en pratique, c'est réellement le conseil
qui décide.

Une exécution capitale au bagne ne ressemble
en rien, sinon par le dénoûment, à ce qui se
passe, en pareille circonstance, place de la
Roquette : vous savez, la porte de la prison qui
s'ouvre, un être hébété qu'on soutient et qu'on
pousse rapidement sur la planche sinistre, du
sang par terre, puis un fourgon entraîné par des
chevaux au galop, tout cela à peine entrevu
d'une façon confuse, furtif comme ce qui se
cache, causant au spectateur l'angoissante op-
pression d'un cauchemar et ne laissant après
soi d'autre trace qu'un article banal dont les
termes ne varient pas.

En Nouvelle-Calédonie, la méthode de l'é-
chafaud visible seulement pour quelques journalistes ensommeillés serait particulièrement
fàcheuse, car il ne s'agit pas là-bas de criminels

à venir hypothétiques, mais de coquins ayant fait leurs preuves, gagné leurs grades et qu'on veut dompter à tout prix.

Couper les têtes qui refusent de s'incliner est, je le reconnais, un argument péremptoire et, puisque notre société en assume la responsabilité, il est évident qu'elle a le devoir strict de ne lui rien ôter de sa valeur toutes les fois qu'elle se décide à l'employer vis-à-vis d'un révolté, entouré lui-même d'autres révoltés.

Voilà pourquoi, lorsqu'on assiste, comme cela m'est arrivé, au supplice d'un forçat, on n'éprouve pas la sensation du *déjà vu*. Décrire en quelques lignes ce tragique et imposant spectacle ne m'expose pas à rééditer un fait divers cent fois publié.

Les exécutions se font toujours à l'île Nou. L'emplacement choisi est un vaste terrain en forme de rectangle allongé, qui sépare deux bâtiments massifs et sans fenêtres, affectés au logement des condamnés de dernière classe.

Cette espèce de cour est dominée, au sud, par le quartier cellulaire situé sur un monticule

qui s'élève presque à pic, et auquel on accède
par un chemin en lacet. En face, le mur d'enceinte percé d'une large et lourde porte de fer,
gardée par deux factionnaires.

.Tel est le décor ; voici le drame :

Dès que les cases ont été fermées, on a disposé la guillotine sur quatre grosses pierres de
taille enfoncées dans le sol, un peu en arrière
du centre de la cour, au bas de la porte qui
conduit aux prisons.

Le couteau triangulaire, chargé de plomb, a
été tiré de sa gaine et placé en haut de la
glissière. Quand le bourreau et ses trois aides
ont donné le dernier coup de maillet, un gardien les réintègre dans le local où ils couchent
habituellement côte à côte avec leur funèbre
machine.

Quels rêves leur donnera-t-elle demain soir ?
Tout semble retombé dans le repos. Il fait une
de ces nuits tropicales, tièdes, lumineuses,
trouées d'étoiles scintillantes.

La guillotine est là toute seule, sur le sable
blanc que la lune éclaire ; l'ombre portée de ses

montants leur donne l'aspect de bras immenses.

Trois heures sonnent. Quelques hommes pré-
cédés par un falot traversent la cour d'un pas
rapide et se dirigent vers les prisons : c'est le
commandant accompagné de l'aumônier, du
commissaire de police et de deux ou trois surveillants. Ils pénètrent dans la maison cellulaire, traversent préaux et couloirs et arrivent
devant la grille qui ferme la galerie sur laquelle
donnent les cachots réservés aux condamnés à
mort.

A peine la clé a-t-elle touché la serrure qu'un
mouvement se produit d'un bout à l'autre du
couloir : les condamnés ont entendu. Brusquement, ils se sont dressés sur leur lit de camp,
et, haletants, l'oreille tendue, la sueur au front,
attendent.

Quelle porte va s'ouvrir ?

L'angoisse qui les secoue ne dure pas longtemps ; on tire une barre de fer ; le commandant est entré dans l'une des cellules.

Le misérable qui l'occupe pâlit affreusement ;
il a compris *que c'est pour ce matin.*

Pour la forme, on le lui annonce; puis on lui demande s'il désire s'entretenir avec l'aumônier. Presque toujours la réponse est affirmative, car il sait que l'ecclésiastique n'aura pour lui que de douces paroles ; c'est lui qu'il chargera de transmettre à sa mère, à ses enfants une pensée de tendresse ; mais surtout, devant lui, il pourra pleurer, pleurer et gémir comme un petit enfant ! Tout à l'heure, devant *les autres*, il va falloir se raidir et marcher sans faiblesse.

Le vénérable père David reste seul avec le condamné, mais le règlement ne permet pas — en dépit des réclamations du courageux missionnaire — que la porte soit refermée derrière lui. Des surveillants se tiennent à quelque distance de manière à ne point troubler la suprême conversation du prêtre et du forçat, mais à pouvoir prêter main-forte en cas de besoin.

Bientôt on vient avertir l'aumônier qu'il doit céder sa place au bourreau : il se retire, les joues aussi blanches que ses cheveux, mais avec parfois, dans le regard, quelque chose qui ressemble à de la joie. A-t-il gagné sa cause? Peut-être !

Le condamné a repris son calme apparent ; il n'oppose aucune résistance à son odieux camarade qui lui attache les mains derrière le dos et lui met des entraves aux jambes, de façon qu'il puisse marcher, mais à petits pas.

Le col de sa chemise est largement échancré jusqu'aux épaules.

Le voyageur est prêt à partir pour son terrible voyage !

Pendant que tout ceci se passe au fond de la cellule, la grande cour a changé de physionomie.

La porte du mur d'enceinte s'est ouverte. Le directeur de la transportation est entré, accompagné de quelques fonctionnaires, magistrats, chefs de service, médecins, etc., dont les règlements exigent la présence.

Pas un invité : personne, à moins d'un privilège spécial, n'est autorisé à prendre place dans la chaloupe officielle, et défense est faite aux embarcations de s'approcher du wharf.

3

Ils se placent à gauche ; près du terre-plein
faisant suite à ce groupe, une trentaine de surveillants se tiennent, l'arme au pied.

- Quelques instants après, une compagnie d'infanterie, commandée par un chef de bataillon
et un capitaine, vient se former sur la droite
adossée au monticule.

Dès que les soldats ont pris possession de
leur poste, on entend la sourde rumeur d'une
foule qui se rapproche, étrangement mêlée à
un bruit de chaînes traînées et entrechoquées :
ce sont les forçats qu'on amène sur le lieu de
l'exécution. Ils arrivent en colonne serrée, font
« demi-tour à gauche » et se trouvent en face
de la guillotine. Un commandement retentit ;
soldats et surveillants chargent leurs armes, et
les fusils s'abaissent. Voilà, certes, pour ces
hommes qui, dans un instant, regarderont
mourir un des leurs, la meilleure façon de
leur dire : *Memento quia pulvis es.* « Souviens-
toi que tu es de ceux dont on fait ce que tu
vas voir. » Le jour s'est levé tout à coup —
dans les pays des tropiques, il n'y a pas d'au-

rore, — et le soleil brille déjà au-dessus de la mer. Le commandant du pénitencier fait un signe; l'un des surveillants se détache, gravit le monticule, et, tournant l'angle de la maison centrale, disparaît.

Plusieurs minutes s'écoulent dans un silence solennel; puis on aperçoit, tout en haut du chemin, une sorte de procession qui s'avance lentement. Au centre est un homme vêtu de blanc. A mesure que cette théorie descend le chemin qui se déroule en serpentant, on en distingue mieux les personnages; voici le condamné dont la face est couleur de cire; à côté de lui marche l'aumônier récitant les prières des agonisants et tenant élevé un grand crucifix noir; derrière, des surveillants, le revolver au poing.

Quelques pas encore et ils seront dans la cour.

Une voix s'élève :

— Condamnés, à genoux! chapeau bas!

Les forçats se prosternent.

Le condamné est maintenant tout près de la guillotine : il la regarde avec assurance et sans un tressaillement sur son visage de cadavre. Le greffier s'avance et se place devant lui.

— Portez armes ! commande l'officier.

Le greffier donne lecture de la sentence. Fonctionnaires et magistrats se découvrent.

Ce moment est d'une poignante émotion ; les cœurs se serrent, les gorges se sèchent : on sent peser, en quelque sorte matériellement sur toute cette scène, l'Inexorable.

La lecture est terminée :

— Avez-vous quelque déclaration à faire ? interroge le commandant.

— Je voudrais adresser quelques mots à mes camarades.

Et alors, d'une voix ferme, cet homme, qui n'a plus que deux minutes à vivre, fait tomber sur cette foule de misérables, agenouillés devant lui, des paroles de résignation, d'encouragement et de bon conseil[1] :

---

1. C'est un fait très curieux, il me semble, que, si les termes de cette allocution varient, le sens est toujours à peu près le même. J'ai entendu certains condamnés faire une espèce de profession de foi religieuse.

« Je mérite l'expiation. Je demande à l'instant de mourir, qu'on me pardonne les forfaits
pour lesquels je suis justement puni ! Vous
voyez où peut conduire l'abandon de soi-même ;
tous vous avez pris un mauvais chemin ; n'allez
pas plus loin ; que la vue de mon supplice
serve à vous détourner du crime. Ne me plai-
gnez pas. J'ai du courage. Adieu, camarades,
souvenez-vous de moi ! »

Le discours est simple, mais il emprunte une
singulière éloquence, je vous assure, à ce fait
que l'orateur, dont la bouche sera close tout à
l'heure pour toujours, le prononce du seuil
de l'éternité.

Faisant un pas, le dernier, il s'approche de
l'aumônier qui l'embrasse et, de lui-même, se
place devant la planche funèbre placée ver-
ticalement. Un roulement de tambour se fait
entendre, puis, avec une rapidité extraordinaire, la planche bascule, l'homme y est couché de tout son long, on le pousse comme un
pain qu'on met au four, son cou est empri-
sonné dans la lunette et Macé, pressant un

bouton, déclenche le lourd couteau qui tombe en foudre, avec le bruit d'une étoffe qu'on déchire.

Ceux qui ne détournent pas les yeux peuvent voir l'aide du bourreau saisir la tête au milieu d'un flot de sang, la montrer un instant, puis la rejeter dans le panier.

C'est fini. Les forçats se relèvent et vont reprendre leur tâche quotidienne.

Comment sont impressionnés les cerveaux malades pour lesquels on a donné le spectacle de cette tragédie ? Je ne sais, mais tout en étant persuadé qu'ils n'en éprouvent pas l'effet attendu, j'ai de bonnes raisons de croire que leurs réflexions ressemblent bien peu à celles du pâle voyou qui revient, au petit jour, de la Roquette, les mains dans ses poches, en sifflant un refrain de chanson obscène.

Quant aux réflexions du bourreau, en voici un échantillon.

Un jour, comme il se disposait, son *travail* terminé, à s'en aller, laissant à ses aides le soin de démonter sa machine — *de minimis non curat prœtor* — il s'aperçut qu'un jet de sang avait maculé sa vareuse. Macé lança un regard inexprimable au panier qui contenait la chair palpitante de son client et je l'entendis très distinctement grommeler entre ses dents : « Ah, sale cochon ! *(sic.)* ». Puis, d'un air de mauvaise humeur, il remonta vers le quartier cellulaire où l'attendait le déjeuner, resté inachevé, du supplicié et son salaire, — une boîte de sardines (?) et seize francs.

Pour moi, j'avoue que le fonctionnement du « Glaive de la justice » n'a jamais manqué de me rappeler cette phrase d'un homme qu'on n'accusera pas d'anarchisme, M. le vicomte de Chateaubriand : « La peine de mort ne s'est perpétuée que par une sorte de crime légal. »

Je me demandais chaque fois, avec angoisse, si l'homme que je venais de voir mourir, dont les paroles de repentir résonnaient encore à mes oreilles, n'aurait pas pu être amendé au lieu d'être supprimé. La leçon de choses présentée à l'aide de la guillotine, loin de me convaincre, m'a beaucoup affermi dans ma théorie, que vous êtes libres d'ailleurs, de traiter de marote et de turlutaine.

*
* *

J'ai dit plus haut que le tribunal spécial maritime prononce la peine de la réclusion cellulaire contre les transportés qui s'évadent, qui tentent de s'évader ou qui se rendent coupables de vols.

Elle consiste dans l'internement séparé, avec tout ce qu'il comporte de plus rigoureux : étroite cellule voûtée ; silence et travail obligatoires ; ration réduite et pain sec à la moindre infraction ; promenade solitaire d'une demi-heure par jour dans un préau, la tête couverte d'une cagoule. Cette façon de réprimer un crime, à tout prendre, conventionnel — on ne saurait s'indigner beaucoup qu'un homme enfermé cherche à s'enfuir — est excessive.

Prenez, je vous prie, la peine de réfléchir à

ce que peuvent être cinq années passées dans
une cellule de trois mètres de long sur un
mètre de large.

Sans faire de la sensiblerie mal à propos, on
a le droit, ce me semble, d'exiger un peu de
logique en ces choses si graves : puisque l'administration prétend — et encore une fois je
ne saurais trop y applaudir — employer le
châtiment comme un remède au lieu d'en faire
un acte de vengeance, il ne faut pas *abrutir* le
sujet, car c'est aller directement à l'encontre
du but.

Pour des âmes farouches et obscures, où,
continuellement, gronde la voix du mal et qui,
jamais depuis l'enfance, n'en ont entendu
d'autres, la pire des conseillères est la solitude.
Chaque mois, chaque jour diminuera le peu
de spiritualité qui existe chez ces êtres et dont,
peut-être, on serait parvenu à tirer parti.
L'animalité prendra tout. Vous avez enfermé
dans la cellule un homme pervers, dangereux,
criminel, mais un homme enfin : il en sortira
une bête fauve.

3.

Le *Solitary system*, le *Separate system* peut
être excellent dans une prison, appliqué à une
catégorie d'individus suffisamment cultivés pour
que la lecture, le travail intellectuel, apaisent
leurs passions, fassent naître et développent les
réflexions salutaires, le repentir; mais au bagne,
appliquée à des coquins profondément igno-
rants pour la plupart, la panacée littéraire est
inefficace, le *Solitary system* serait naïf. Il devient
cruel s'il consiste à enfermer un être humain
exactement comme une hyène du Jardin des
Plantes.

Au moins si l'on remplaçait le travail intellectuel par un travail manuel ! Je sais bien que
le règlement le prescrit, mais je sais aussi
qu'il est impossible d'appliquer le règlement.
Où trouvera-t-on dans nos colonies pénitentiaires un entrepreneur assez bête pour faire
fabriquer des produits dont il n'aura pas la
vente?

Les réclusionnaires se tourneront les pouces
pendant un an, deux ans ou cinq ans. Après
quoi, leur cerveau sera liquéfié, ils seront

pourris, finis, bons à jeter à l'équarrisseur...
Messieurs les législateurs, je ne vous fais pas
compliment de votre loi.

Je vais dire une énormité. Je trouve qu'on
a eu tort de supprimer les punitions corporelles,
plus brutales en apparence, mais combien
moins barbares en réalité, plus efficaces certainement !

Un forçat s'évadait, refusait le travail, se
révoltait : on le condamnait à dix, à vingt, à
trente coups de fouet. Il était déshabillé, soli-
dement amarré à un banc, couché sur le
ventre. Cela fait, on rassemblait un groupe de
condamnés auxquels un petit exemple pouvait
être profitable, puis le *correcteur* s'avançait
armé du « chat à neuf queues ». Au commandement, il faisait retomber les cinglantes lanières sur la partie la plus charnue du patient.
Parfois, au bout du dixième coup, le médecin
disait : « Assez ! » Alors, on lavait les plaies
avec du tafia ; et trois ou quatre jours après,
le condamné reprenait le travail. Cinq minutes
de vive souffrance, quelques jours de cuisson,

n'étaient-ils pas préférables à cinq années d'oubliettes? Ni la santé ni l'intelligence n'étaient altérées par cette petite saignée qui ne favorisait pas, comme l'incarcération, la paresse physique et l'ankylose morale.

Les Anglais pensent ainsi. Et d'autres encore... J'ai interrogé de vieux forçats qui ont tâté de la schlague et de la cellule : ils regrettent le chat à neuf queues. Voilà qui est topique, je pense.

Que si, néanmoins, la schlague révolte notre pseudo philanthropie, pourquoi ne pas adopter le système mis en usage dans certains États américains?

Un forçat refuse le travail. On l'amène devant le chef.

— Vous ne voulez pas travailler? dit celui-ci.

— Non, répond l'homme.

— Fort bien : on va vous conduire dans la cellule spéciale jusqu'à l'heure de la suspension du travail.

Là-dessus, on conduit l'homme dans un petit local bien cimenté, n'ayant pour tout mobilier

qu'une pompe. Dès que la portè est refermée,
un glougou se fait entendre : par un orifice
pratiqué dans l'une des parois ou au ras du
sol, de l'eau pénètre dans la cellule. Bientôt
le prisonnier en a jusqu'aux genoux, puis jusqu'à la ceinture ; il en a maintenant jusqu'au
cou; l'eau continue à monter. Quand elle
arrive au menton, l'homme empoigne la pompe.
Or le débit du robinet étant exactement celui
de la pompe, le forçat est obligé de pomper
sans arrêt sous peine d'être noyé. Aussitôt que
la cloche sonne, on ferme le robinet, on déclenche un clapet, et l'eau s'écoule.

Un gardien passe la tête par le guichet :

— Eh bien, voulez-vous reprendre le travail
avec vos codétenus ?

En général, l'homme répond : « Oui. » S'il
dit non, le gardien n'insiste pas, et l'on
recommence pendant la période de travail
suivante. On m'a certifié — et je le crois très
volontiers — que les plus déterminés sont matés
à la seconde expérience.

Quelle que soit la méthode employée, il faut

éviter de punir la paresse par l'oisiveté, le crime par le silence, par la diète, par l'isolement individuel.

*
* *

Aucune remarque à faire sur l'emprisonnement. Les condamnés sont isolés seulement pendant la nuit. Ils travaillent en commun dans l'enceinte du quartier de correction. Leurs vêtements se composent d'une vareuse et d'un pantalon confectionnés avec de vieux sacs ; la coupe n'en est pas très soignée et ne fait pas valoir les avantages physiques : cet uniforme est sans prétention.

Il ne me reste plus à mentionner que la double chaîne. Ce mot évoque peut-être à vos yeux le forçat légendaire traînant son boulet et attaché à un autre misérable. La double chaîne moderne ne rappelle que très vaguement ces estampes horrifiques qui illustraient certains romans ; elle n'est plus qu'un archaïsme sans conséquence, une tradition affaiblie, un cliquetis conventionnel ; il semble qu'on ne puisse comprendre la maréchaussée sans un bruit de bottes, ni le bagne sans un bruit de chaînes.

Pour le moment cette chaîne, lourde d'un peu plus de trois kilogrammes, est fixée à une sorte de bracelet en fer, nommé manille, que l'on rive à la cheville gauche ; quand le condamné marche, il la relève et l'attache au genou. J'ai demandé à beaucoup de forçats si elle leur causait une souffrance ou un impedimentum ; tous m'ont répondu qu'au bout de quelques jours on s'habituait fort bien à son poids.

Il est reconnu, d'autre part, que la chaîne n'empêche pas de s'évader, surtout si l'on s'évade en compagnie : car rien n'est plus facile que de briser un maillon en le frappant à coup de pierre.

Cet attirail n'étant plus effrayant devient quelque peu ridicule ; et puisque l'on tenait à garder encore une punition corporelle [1], ce n'est certes pas celle-là qu'il eût fallu conserver.

---

1. Les forçats condamnés à la chaîne n'en sont pas dispensés, même lorsqu'ils sont à l'hôpital ; ils couchent avec et quand ils meurent, on les enterre avec ; le prix en est réclamé à leur succession.

*
* *

Le chiffre des évasions auxquelles je viens
de faire allusion est assez élevé. On peut compter
que trois cents forçats en moyenne tiennent « la
brousse » comme autant de Bellacoscia dans le
maquis de la Corse.

Je vais ajouter à cette indication une remarque
qui ne sera pas sans vous étonner : nulle part
la sécurité n'est plus grande qu'en Nouvelle-
Calédonie. Pendant plusieurs années, j'ai couché
fenêtres et portes ouvertes ; on ne m'a volé qu'un
gigot, et encore ai-je toujours fortement soup-
çonné de ce larcin un gros bouledogue qui fré-
quentait dans ma cuisine. Le jour de mon
débarquement à Marseille, pendant que je fou-
lais d'un pas allègre, heureux de me retrouver
parmi d'honnêtes gens, le pavé de la Canebière,
on m'a pris ma bourse.

La plupart des évadés se trouvent fort sots
quand ils ont cédé à l'instinct de la liberté, et

surtout à celui de la paresse. Sans argent, l'estomac creux, obligés d'éviter les chemins et les endroits habités, ils en sont réduits à aller demander de l'ouvrage dans certaines mines où l'on ne regarde pas de trop près les livrets. Ils sont un peu plus mal nourris qu'au bagne et travaillent davantage. Ce bonheur très relatif est d'ailleurs de courte durée, car ils sont inévitablement repris. Voilà pour la masse. Quelques-uns, plus audacieux et plus intelligents, s'efforcent de quitter la colonie ; mais c'est une grosse affaire : seize cents milles marins séparent Nouméa de Brisbane, qui est le point du continent le plus rapproché.

Avant tout, il est nécessaire de se procurer des vivres et de s'emparer d'une embarcation ; ensuite, il faut profiter d'un courant favorable, et louvoyer sans encombres au milieu de récifs qui font à la Nouvelle-Calédonie une double ceinture. Que la brise tombe avant qu'on ait franchi les passes, et l'on se fait prendre bêtement par une chaloupe à vapeur ; une saute de vent ou une fausse manœuvre, et voilà le

canot échoué sur un banc de corail : c'est procurer aux requins la bonne surprise d'un repas
plantureux.

Supposons que les fugitifs soient parvenus à
gagner la haute mer : c'est pendant quinze
jours ou trois semaines se mettre à la merci
des rafales et des vagues, d'autant plus que,
neuf fois sur dix, ces navigateurs d'occasion
ne savent pas hisser une voile, ni manier un
aviron ; qu'ils n'ont pas de boussole, ni de
cartes. Ils s'en vont à l'aventure dans une
coquille de noix, sans moyen de lutter contre
la tempête. Bien des chances, par conséquent,
d'être engloutis, s'ils ne meurent pas de faim
et de soif avant d'arriver au port...

Tout cela pour se voir, les trois quarts du
temps, happés par la police australienne, mis
en prison, fustigés du fouet à sept lanières, et
livrés aux autorités françaises. Aboutir à un tel
résultat après tant de périls courus et une si
extraordinaire somme de volonté déployée,
avouez que ce doit être dur.

Il existe, en ce moment, dans la prison de

l'île Nou, un individu qui a accompli *trois fois* cette épopée. Lors de sa dernière fuite, il a pu, grâce à sa connaissance approfondie de la langue anglaise et des mœurs locales, séjourner pendant quatre années dans le New-South-Wales et *s'y marier*. Au lieu de s'appeler tout bonnement Michelot, il devrait se nommer Rocambole.

Nombreuses sont les anecdotes de ce genre qui se pressent sous ma plume. En voici une, entre cent qui pourraient, comme elle, servir de thème à quelque roman-feuilleton.

Le héros, un faussaire émérite, véritable artiste en la matière, fut condamné aux travaux forcés après avoir longtemps dépisté la police.

Tantôt fils d'un amiral, tantôt neveu d'un académicien ou cousin d'un évêque, vicomte, marquis ou baron, changeant de style et d'écriture, comme il changeait de nom et de qualité, Grolet déploya dans ce jeu une virtuosité des plus remarquables.

Ses talents exceptionnels ne pouvant s'exercer derrière les murs d'un pénitencier, froissé

d'ailleurs dans ses habitudes distinguées par
le mauvais ton de ses compagnons, il résolut
de reprendre la vie d'aventures. S'échapper, se
jeter à la mer, et, moitié nageant, moitié s'ap-
puyant sur un tronc d'arbre, traverser la rade
sans éveiller l'attention des sentinelles, tout cela
fut, pour lui, chose facile.

Il s'était ménagé la complicité d'un libéré
qui lui procura des vêtements et une retraite
bien choisie où il attendit que ses cheveux et
sa barbe eussent poussé.

Il employa ce temps à se confectionner un
état civil très complet : timbres, signatures,
paraphes, rien n'y manquait. Ainsi pourvu
d'un nouvel avatar, il s'installa tranquillement
à Nouméa, se donnant comme chargé par un
groupe de financiers d'étudier le pays, au point
de vue de l'installation d'une industrie quelconque.

On ne lui en demanda pas plus long : la
correcte élégance de ses manières le fit rechercher ; on l'invita, et un honnête commerçant,
qui mariait sa fille, le pria même de servir à

celle-ci de témoin à la mairie et à l'église. Cette circonstance l'ayant probablement mis en goût, il sollicita et obtint la main d'une jeune et jolie veuve, possédant, cela va sans dire, quelque bien au soleil d'Océanie.

Le chevalier d'industrie faisait sa cour, la petite veuve flirtait avec entrain pour le bon motif, lorsqu'un vulgaire accident le perdit.

Les deux fiancés s'étaient donné rendez-vous au « Gouvernement », où un bal devait réunir le « Tout Nouméa » des grandes occasions. Pimpant, la moustache en croc, une fleur à la boutonnière de son habit, Grolet traversait, pour s'y rendre, la place des « cocotiers » qui, par manière d'exception, est assez bien éclairée. Des gens étaient là, assis sur le gazon, en famille. Malheureusement, — à quoi pourtant tiennent les destinées! — il tira de sa poche un régalia; n'ayant point de briquet, il avisa un surveillant militaire qui, son service fait, s'en retournait à la caserne, d'un pas tranquille, le cigare aux lèvres.

— Pardon, mon brave, dit-il en l'abordant, veuillez, je vous prie, me donner du feu.

Le sous-officier s'arrêta poliment et se mit en devoir de rendre à son interlocuteur le service demandé ; mais à peine le jeune gentleman eut-il approché son visage du sien, que deux mains vigoureuses le saisirent au collet : le surveillant avait reconnu Grolet à un signe très particulier que présente son œil gauche.

Entraîné au poste, force lui fut d'avouer ; on le rasa, on lui fit endosser la vareuse de toile, et, pendant qu'on l'emmenait, la brise lui apportait l'écho d'une valse joyeuse, au son de laquelle dansait, en l'attendant, la petite veuve.

Quand j'ai vu ce pauvre diable, il était enfermé depuis quinze mois dans une cellule qu'il va occuper trois années encore, à moins qu'il ne meure, ce qui est probable.

Je n'ai pu m'empêcher de le plaindre.

*
*   *

En dehors de ces peines qui ne peuvent plus

être infamantes, mais qui sont sérieusement afflictives, le transporté est exposé à se voir infliger des punitions disciplinaires nombreuses, dont les principales sont, par ordre de gradation : la prison, la cellule, le cachot, le camp disciplinaire.

Mauvaise volonté, insubordination, ivresse, outrages aux agents et fonctionnaires, telles sont les fautes qui, suivant leur gravité et leur fréquence, entraînent ces diverses mesures de répression.

Dans les camps disciplinaires, la durée des punitions est doublée. Les infractions légères y sont punies de « salle de discipline », ce qui consiste, dit le règlement, à marcher à la file indienne et en silence, depuis le lever jusqu'au coucher du soleil ; la marche est interrompue toutes les demi-heures par un court repos, durant lequel les condamnés sont assis sur des dés en pierre.

Ces établissements sont exclusivement affectés à l'internement des « incorrigibles », définition d'ailleurs peu exacte, car elle paraît être en

contradiction avec l'esprit qui a si heureusement inspiré, comme je l'ai fait remarquer,
notre législation pénitentiaire. Je n'en veux
pour preuve que le texte même au-dessus
duquel elle figure, et où on lit ceci [1] : « Les
hommes qui sont restés trois mois sans punition et paraissent avoir mérité leur renvoi du
camp disciplinaire peuvent en sortir sur la proposition d'une commission. » Qu'est-ce qu'un
« incorrigible » dont on prévoit l'amendement?

Les camps disciplinaires, où l'on ne pénètre
qu'avec des permissions difficilement accordées,
ne sont point faits pour rendre le visiteur fier
de sa qualité d'homme. C'est en effet, je vous
jure, un spectacle lamentable que celui de ces
êtres amaigris et pâles, aux faces patibulaires,
le corps mal recouvert par de vieux sacs, tirant
la jambe droite alourdie par le port de la
chaîne, travaillant sans une seconde d'arrêt
pendant toute la durée de la « séance », sous
la garde de nombreux surveillants que seconde
une escouade de vigoureux Canaques bien

1. Art. 41 du décret réglementaire.

M. V... Il n'alla pas par quatre chemins ; pour les aveugles, il fit établir une sorte de cirque fermé par des barrières à hauteur de la main. et il les obligea à s'y promener tous les jours, pendant huit heures, avec un sac de sable sur les épaules. Les manchots étaient attelés à des tombereaux, et ainsi des autres. Grâce à cette thérapeutique d'un nouveau genre, l'épidémie ne tarda pas à décroître.

Ces camps disciplinaires, qui constituent un châtiment à la fois physique et moral, sont une excellente institution. Ils ont cet avantage d'être faciles à installer, faciles à transporter partout où l'on a un travail pénible à exécuter. La répression y trouve son compte, l'État ou la colonie y trouvent le leur, et la méthode de l'amendement ne le réprouve pas, puisqu'on peut graduer la punition prononcée non point par un tribunal, mais par les autorités chargées de la discipline. En Nouvelle-Calédonie, on avait imaginé un système de bons points qui avaient pour effet de réduire proportionnellement le temps de séjour primitivement

fixé. Cette simple mesure, prise par un gouverneur intelligent, valait mieux que la réglementation solennelle, illogique, réactionnaire
et funeste dont j'ai indiqué tout à l'heure la
bizarre économie.

Un bon coup de sape dans cet échafaudage
est nécessaire. Punir séance tenante les méfaits
voilà ce qu'il faut dans un bagne : des com-
missions disciplinaires prononçant immédiatement une peine efficace vaudront toujours
mieux que des tribunaux, ceux-ci fussent-ils
composés, comme une salade russe, de *légumes*
variés : magistrats, fonctionnaires, militaires.

CHAPITRE IV

LE PURGATOIRE

Seconde phase. — La colonisation et la politique. — Ceci tuera cela. — Un édile. — Le voleur devenu propriétaire. — Effet de cette transformation.

Je viens d'étaler à vos yeux des choses fort déplaisantes qui constituent le sinistre attirail de la répression et j'ai dû, cicerone esclave de mes obligations professionnelles, répéter bien souvent, trop souvent, hélas! les mots prison, cellule, cachot et autres vocables de mine patibulaire.

Le sujet que j'aborde maintenant est beaucoup moins triste, en même temps que plus original, plus intéressant et plus neuf. Il s'agit de suivre dans la seconde phase de son exis-

4.

tence de forçat, — la régénération, — le condamné que je vous ai montré dans son premier avatar, l'expiation.

Cet homme a su éviter les écueils nombreux où la plupart de ses congénères se sont arrêtés comme à autant d'escales vers l'abîme définitif : il n'a jamais franchi le seuil terrible du tribunal maritime spécial, ni la redoutable enceinte du camp disciplinaire.

Depuis longtemps il est de première classe et sa conduite ne s'est pas démentie un seul instant. « *Bon sujet, bon travailleur* » disent invariablement de lui les surveillants militaires sur leurs cahiers de notes. Et une pareille formule signifie : constance obstinée dans le bien, persistance humble et vaillante dans le repentir.

Voilà dix ou quinze ans qu'il expie.

Supposons-le condamné à perpétuité. Pour reconnaître ses efforts, et lui donner un satisfecit, on le proposera pour une remise de peine et, quelques mois après l'envoi de ce rapport, des lettres de grâce seront signées qui lui accorderont une commutation en vingt années de travaux forcés avec, pour corollaire, l'obligation de résider dans l'île jusqu'à la fin de ses jours.

Il faut avouer que si la récompense se bornait à cela, elle serait bien disproportionnée avec les efforts quasi héroïques accomplis pour la mériter. Car, savez-vous, la perspective qu'elle offrirait au criminel amendé? sortir du bagne à soixante ou soixante-dix ans pour s'en aller mourir de faim dans quelque fossé.

Un pareil avenir ne serait évidemment pas de nature à enfanter des prodiges de courage et de persévérance.

Les auteurs de la loi fondamentale du 30 mai 1854 l'ont fort bien compris, et c'est pourquoi ils ont décidé que des concessions de terres pourraient être accordées aux transportés qui auraient su se rendre digne des faveurs administratives.

C'était résoudre d'une façon très simple et très intelligente deux questions de haute importance : l'utilisation des bonnes volontés au profit de la rénovation individuelle; l'utilisation de cette régénération au profit de l'intérêt général, c'est-à-dire du peuplement.

Malheureusement, la politique — qu'allait-t-elle faire dans les galères? — est venue dire son mot et ce mot, comme toujours, a été fâcheux et nuisible.

L'administration pénitentiaire avait à peine achevé de s'installer en Nouvelle-Calédonie, d'y construire ses camps, ses ateliers, ses magasins, d'y bâtir ses maisons de fonctionnaires [1] qu'elle fut sottement troublée dans son expansion.

On était parvenu à cette époque fatidique où l'empire, sentant avec effroi ses forces décroître, se mit sans transition au régime du pseudo-libéralisme préconisé comme un reconstituant infaillible — on ne possédait pas encore les élixirs de kola et de coca — par les docteurs du centre gauche parlementaire. Cette drogue frelatée lui parut si admirable, qu'il

1. Elle possède une notable partie de la ville de Nouméa et chacun de ses employés a un cottage plus ou moins grand, suivant le grade : heureux employés!

en envoya des échantillons jusqu'au fond de l'Océanie où le besoin, certes, ne s'en faisait pas sentir. La pauvre Calédonie, à qui on avait déjà conféré de si mauvais rôles, dut inaugurer la parodie de la démocratie.

Afin de donner à celle-ci ses coudées franches, on abolit la réglementation d'exception qui avait à bon droit paru la seule appropriée à un territoire pénal et on réserva deux cent mille hectares pour être distribués aux émigrants qui aspireraient à jouir, sous les tropiques, des droits civils et politiques les plus étendus : cela équivalait à un supplément de bureau de tabac mis à la disposition des candidats officiels et des électeurs influents.

J'exagérerais étrangement si je disais que ces émigrants encombrèrent le pont des navires en partance : il n'en vint qu'un petit nombre dont les uns s'établirent marchands de vins, tandis que les autres s'improvisèrent agriculteurs ; ceux-là initièrent les Canaques aux déplorables mystères du mauvais alcool, ceux-ci cultivèrent le café beaucoup plus sous la forme de « maza-

grans » que sous celle de plante arborescente.
Ils ne se montraient pas, en somme, très gênants
et leur présence était plus regrettable par son
principe même que par ses effets. Mais la situation changea quand se furent produits les
événements maudits de l'année terrible, la
guerre, puis la lutte fratricide entre Versailles
et Paris.

Comme chacun le sait, la « Nouvelle », déci-
dément malchanceuse, eut le triste privilège
d'être désignée pour servir de lieu de déportation. Toute une armée de politiciens, les
mains encore noires de poudre, fut entassée
ainsi qu'un vil troupeau dans des entreponts
obscurs, derrière des grilles de fer et débarqua
exaspérée par la rage inapaisée de la défaite et
par les souffrances atroces d'une traversée
cruelle, supplice qui n'est pas à la gloire des
« honnêtes gens » de carrière, amis et conser-
vateurs patentés de l'ordre public.

L'arrivée des ex-fédérés eut tôt fait de réveil-
ler dans le cœur des colons l'esprit de reven-
dication, et lorsque, après l'amnistie, le chiffre

de ces derniers fut augmenté de quelques uni-
tés par les communalistes qui restèrent dans le
pays — soit que le ciel bleu les ait séduits,
soit qu'ils eussent des motifs sérieux de laisser
un large fossé entre la France et eux, — la
colonie libre se trouva constituée. A partir de
ce moment, elle forma un élément distinct dont
l'introduction entre le bagne et la population
indigène devait avoir fatalement les conséquences funestes du ménage à trois.

Ce que j'en dis n'est point — Dieu m'en
garde ! — pour jeter la pierre à la colonisation
libre ; mon opinion est, au contraire, que la
Calédonie lui était destinée par les lois de la
nature et la beauté de son climat. Mais cela
n'empêche pas de reconnaître qu'un préau de
prison, si vaste soit-il, est un singulier champ
d'expérience pour des essais de décentralisation
exotique.

La tentative ne pouvait pas logiquement
réussir et n'a pas réussi. Il serait injuste de
reprocher cet échec au zèle des colonisateurs ;
la faute en est uniquement aux circonstances

défavorables contre lesquelles ils ont lutté avec un courage aussi malheureux qu'exubérant. *Much ado about nothing*, restera longtemps sa devise.

On a cependant, pour obtenir le succès, épuisé tous les moyens jusqu'à offrir, souvenir classique de l'histoire romaine, des concessions de terre à des soldats libérés du service militaire dans la colonie. Mais les légionnaires firent preuve de si peu d'enthousiasme, que c'est à peine si, en cherchant bien, on trouverait actuellement plus de deux ou trois colons de cette origine.

Le dernier essai de colonisation libre n'est vieux que de quatre ans : il me semble tout à fait topique.

Le ministère avait passé avec une société d'émigration un contrat aux termes duquel douze familles d'agriculteurs, avant-garde de toute une population, devaient être envoyées en Nouvelle-Calédonie aux frais de ladite société. Quant à l'État, le bon État, il s'était chargé de bâtir de jolies maisonnettes avec jardins et dépendances, de fournir six mois de vivres, de garnir les étables et les basses-cours : pour un peu, les émigrants eussent trouvé leur potage servi et leurs lits faits.

Au jour annoncé, les douze familles débarquèrent du paquebot *Yarra* ; on les installa solennellement. Les autorités se transportèrent à l'entrée du coquet village, tout flambant neuf, pour y recevoir les « pionniers de la civilisation ». Le gouverneur officia lui-même et prononça un beau discours en manière de bénédiction laïque : puis les douzes familles prirent possession de leurs douze maisons. On se retira avec la satisfaction de gens qui viennent, entre deux repas, de fonder une ville. Ce ne fut, hélas! que le rêve d'une nuit! Le lendemain, la petite république comptait déjà deux partis : au bout d'un mois, le chef de l'expédition, M. C..., avait perdu toute autorité ; au bout de six mois, il était obligé de quitter le village auquel, modestement, il avait donné son nom ; et maintenant il enseigne le français à des petits Canaques, et se console de

5

ses malheurs en jouant du cornet à piston, instrument sur lequel il est d'une jolie force
d'amateur.

Peu à peu, malgré les encouragements pro-
digués par l'administration, les colons, un à un,
quittèrent leurs jolies maisonnettes : adieu,
veau, vache, cochon, couvée ! Perrette venait,
une fois encore, de renverser son pot au lait.

D'après les statistiques officielles, la population totale de la Nouvelle-Calédonie est
d'environ 40 000 habitants [1], ce qui serait déjà
bien peu de choses pour une superficie de
quatre cents kilomètres de long sur cinquante

1. Exactement 41.606 habitants, ainsi répartis d'après le
dernier recensement :

Population libre	9.061
Transportation.	7.477
Indigènes	25.068
TOTAL	41.606

Français	8.186
Anglais.	429
Autres nationalités. .	446

Les dépendances de la Nouvelle-Calédonie, île des Pins, île
Loyalty, îles Belep, Chesterfield, Wallis, contiennent 17.000
Canaques.

de large ; mais si on retranche de ce total
25 000 indigènes (Canaques), — et leur nombre
diminue chaque année, — plus 3 500 militaires, fonctionnaires ou employés, 400 commerçants, enfin près de 8 000 transportés, que
restera-il pour cultiver le sol? Un peu plus de
3 500 colons libres, femmes et enfants compris, c'est-à-dire environ neuf cents familles.

Comment, dans de pareilles conditions, ne
serions-nous pas tributaires de l'Australie?
Comment la plus belle peut-être de nos colonies ne resterait-elle pas une lourde charge pour
la métropole ?

Donc, comme je le disais tout à l'heure, la
colonisation libre, malgré la complication des
rouages parlementaires du modèle le plus per-
fectionné dont on l'a munie, est un trompe-
l'œil ; elle fonctionne dans le vide et se voit
incapable de rien produire.

Est-ce à dire que nous soyons, là-bas, voués
à l'impuissance, et qu'il faille faire son deuil de
voir prospérer un jour la Nouvelle-Calédonie?

Non pas. Le remède, au contraire, est des plus

simples, et ce remède, — je n'hésite pas à l'affirmer, — c'est le bagne qui, seul, peut le fournir.

En d'autres termes, puisque les émigrants
honnêtes et de bonne volonté se mettent en
grève, adressons-nous à une autre catégorie de
travailleurs, moins recommandables, je le veux
bien, mais qui offrent cet incontestable avantage,
n'ayant point de syndicat, de ne jamais pouvoir marchander leur concours.

Les résultats que ne saurait donner la colonisation libre, qui s'étiole à côté du bagne,
peuvent être obtenus par la colonisation pénale
qui en procède directement; mais il faudrait
avoir le courage, — et qui jamais s'en montrera
capable? — de revenir au plan initial, c'est-
à-dire de se donner pour but le peuplement
de la Nouvelle-Calédonie par les familles des
convicts, et non par les familles d'émigrants de
toutes provenances.

*
* *

En règle générale, le condamné jugé digne

d'obtenir une concession n'est point transformé tout à coup de prisonnier en propriétaire
(concession rurale) ou en artisan *(concession
urbaine)* : rien de plus dangereux, quand un
homme a jeûné pendant longtemps, que de
le laisser manger trop vite et trop copieuse-
ment. C'est pourquoi on a reconnu la nécessité de lui faire subir une dernière épreuve,
de l'assujettir à une sorte de *surnumérariat*.

Deux systèmes ont été imaginés à cet effet
et mis concurremment en pratique : l'un,
excellent, et qui a donné les meilleurs résultats, c'est l'institution des « élèves concessionnaires » ; l'autre, fort mauvais à tous les
points de vue, c'est « l'assignation », chez les
colons.

On a abandonné le premier pour suivre
le second avec la plus funeste exagération ;
de telle sorte que plusieurs centaines de
condamnés sont actuellement détournés des
travaux publics pour être mis à la disposition
des habitants.

Ce beau chef-d'œuvre est dû à l'interven-

tion signalée plus haut de la politique dans
des questions où elle n'y entend rien.

Il n'est pas rare de voir en Calédonie des
circonscriptions où l'autorité est représentée
par un maire, un adjoint, un garde champêtre,
et la population par trois citoyens composant
trois partis politiques et faisant de l'opposition
à ladite autorité.

Ces divers personnages manqueraient à l'essence même de leur mission s'ils ne récla-
maient les privilèges les moins justifiés ; de
son côté, l'administration violerait la plus
sainte tradition si elle les leur marchandait
un instant. On n'a pas eu de peine à lui
persuader que le seul fait d'être venu tenter
la fortune à cinq mille lieues de la métropole
crée des droits à la bienveillance de l'État, —
que dis-je? à son assistance monnayée.

A nous, s'est écrié, fort de cet axiome, le
chœur des agriculteurs, des industriels, voire
des « marchands de goutte, » à nous la main-
d'œuvre économique? que d'autres fassent, s'ils
veulent, travailler les libérés qui ont l'audace

de demander trois francs de salaire par jour, ou les Canaques qui sont mous et paresseux? Parlez-nous des forçats qui nous coûteront douze francs par mois, qui ne pourront quitter notre maison et qui, de peur d'être *réintégrés* avec une bonne punition, ne s'aviseront jamais d'ergoter sur la qualité de la nourriture, ni de se plaindre qu'on abuse de leurs forces!

Les « vaillants pionniers de la civilisation » ont sainement apprécié la situation; ils ont parfaitement compris que la manne administrative ne saurait avoir partout la même apparence; chez nous, elle se distribue sous la forme de recettes générales, places de facteurs, etc. En Nouvelle-Calédonie, elle est représentée par des forçats dont on gratifie libéralement le premier venu. Ceci tend à démontrer qu'on aurait tort d'en vouloir beaucoup au gouverneur si parfois il sacrifie l'œuvre toute philosophique et platonique de la régénération de quelques criminels au désir très naturel, très humain, de se rendre populaire. D'ailleurs, pour être juste, il faut bien recon-

naître qu'on impose à ce fonctionnaire de posséder des qualités d'équilibriste dont fort peu
de gens sont doués. Représentant du pouvoir
central, il est tenu de faire exécuter dans leur
lettre et dans leur esprit les lois, décrets et
règlements pénitentiaires; représentant de la
colonie qui ne vit que par la transportation,
son devoir est de la nourrir de son mieux,
et elle a bon appétit. Cet homme infortuné
ressent tous les embarras de maître Jacques :
« Est-ce à votre cocher, monsieur, ou bien à
votre cuisinier que vous voulez parler? car je
suis l'un et l'autre. »

Il est la victime des demi-mesures qui forment
le fond du programme, et celles-ci sont enfan-
tées par les fluctuations au gré desquelles
ballotte depuis tant d'années la direction des
colonies. Pour n'avoir pas osé faire de la Nouvelle-Calédonie un pays d'exception, où les
colons se fussent trouvés dans la même situation que les propriétaires voisins d'une forte-
resse, autorisés à bâtir sur le périmètre de la
zone dangereuse; pour n'avoir pas osé dire sans

ambages que la liberté politique ne saurait respirer l'atmosphère du bagne, on est arrivé à juxtaposer deux éléments dont le contact est un danger public.

Étrange accouplement, en effet, qui a produit des choses comme celles-ci.

En 1887, la colonie avait à sa tête un gouverneur très désireux de grouper autour de lui les sympathies passablement récalcitrantes des citoyens libres placés sous son égide ; jamais ceux-ci ne virent une bouche officielle leur décocher plus de sourires, jamais oreille officielle ne s'ouvrit plus large et plus bienveillante pour écouter leurs revendications les plus absurdes, si bien, soit dit entre parenthèses, que l'absence de témoignages d'affection qui marqua le départ de ce gouverneur peut être notée parmi les traits qu'on cite de l'ingratitude des peuples. Entre autres mesures destinées à montrer jusqu'où pouvait aller sa bonne volonté, il avait imaginé d'ériger en commune le village de Bourail (je vous parlerai tout à l'heure de cet endroit curieux) dont la

5.

population est presque exclusivement d'origine
pénale. Invités à se choisir un maire, les
« Bouraillais » n'hésitèrent pas à porter sur le
pavois un sieur B..., ancien forçat réhabilité [1]
qui, faisant le métier d'usurier, obtint les voix
de tous ses débiteurs, c'est-à-dire la quasi
unanimité des suffrages.

Pendant plusieurs mois, cet individu put
ceindre l'écharpe tricolore, marier ses concitoyens, prendre des arrêtés, donner des ordres
au commissaire de police (quel rêve !), requérir
la gendarmerie (quelle douce réciprocité !),
recevoir les hommages des autorités, etc. Ce
qui rendait la chose plus piquante, — si on la
prend du côté gai, — c'est que B... avait
subi la plus grande partie de sa peine dans le
pénitencier de Bourail où il comptait encore de
veilles et solides relations.

Pourquoi l'avait-on réhabilité ? Les jugements

1. L'article 10 de la loi du 14 août 1885, permet à la Cour
d'appel de Nouméa de remettre en possession de leurs droits
civils et politiques les transportés libérés dont la conduite est
bonne. On a beaucoup et très justement attaqué cette loi dont
l'application devient de plus en plus rare.

sont parfois respectacles comme des mystères.
Le « département » trouva qu'on avait un peu
dépassé la note, et, ne pouvant supprimer
le maire, il supprima la mairie. Depuis ce
temps, le conseil général a une corde de plus à
sa guitare et ne manque pas, à chaque session,
de flétrir cette nouvelle révocation de l'édit de
Nantes. Ses doléances sont transmises à l'uni-
vers par les trompettes de la renommée dans
lesquelles s'évertuent à souffler violemment
trois ou quatre bouches de journalistes impro-
visés, car la liberté de la presse est, bien entendu,
une de celles dont notre colonie pénitentiaire
fait le plus large usage. J'aime beaucoup la
Calédonie, mais je lui en veux de parodier et
de travestir tant de choses que, nous autres
républicains, avons toujours soutenues et pré-
conisées : suffrage universel, décentralisation,
liberté de parler et d'écrire. Ces mots-là ne
devraient pas être prononcés par certaines
lèvres.

La première fois qu'un hasard me fit pénétrer
dans une imprimerie de Nouméa, — c'était au

commencement de mon séjour, — profonde
fut ma surprise en apercevant des forçats tranquillement assis devant des casiers et occupés
à composer le journal du lendemain. Un
monsieur d'une cinquantaine d'années, élégam-
ment vêtu, lorgnon sur le nez, figure intelligente, écrivait dans une pièce attenante à
l'atelier, et, de là, envoyait sa « copie » que
les typographes se distribuaient. J'eus, en
passant, la curiosité d'y jeter les yeux ; le
gouverneur y était traité de voleur, les sur-
véillants militaires de misérables, etc.

Peste! me dis-je, voilà un hardi compagnon,
malgré sa physionomie douce et avenante.
Ce gaillard-là risque gros jeu à redresser les
torts d'une façon si rude ! Mais, comme ce
n'était pas mon affaire, je ne lui soufflai mot
de sa polémique et me bornai à solliciter d'une
voix timide la confection d'une boîte de cartes
de visite. Il mit une courtoisie parfaite à
choisir avec moi le meilleur « bristol » et je
m'en allai en méditant sur la main de fer
gantée de velours.

Peu d'heures après, je causais avec un officier dans la rue de l'Alma, qui est la belle rue de la ville ; comme nous passions devant le café de « la Cousine », cabaret à la mode, je fus salué d'un sourire aimable par un consommateur qui dégustait un *cock-tail* ; je reconnus mon homme de lettres et soulevai mon chapeau avec empressement.

— Que faites-vous-là ? me dit le capitaine. Ignorez-vous donc qu'il n'est pas d'usage de rendre le salut aux libérés, n'allez pas les gâter !

— Comment ! ce reporter du *** serait ?...

— Un ancien comptable récemment sorti du bagne où il a purgé une condamnation à dix ans de travaux forcés. Vous en verrez bien d'autres, ajouta-t-il en riant de mon air ahuri.

En effet, j'en ai vu bien d'autres, mais pas beaucoup de *meilleures*. Les condamnés typographes étaient des *engagés chez les colons :* ils accomplissaient un stage fortifiant.

* *
*

Mais voyons les transportés de cette catégorie
dans leur situation normale, chez l'habitant
de la *brousse*, c'est-à-dire chez l'agriculteur.

Dans les grandes exploitations, très rares
malheureusement et dont la plupart appartiennent à des étrangers, tout se passe assez
correctement et l'esprit de la loi est à peu près
respecté. Les forçats assignés y font un appren-
tissage utile au point de vue agricole: les uns
sont employés à la culture proprement dite et
s'habituent aux procédés spéciaux qu'exige le
climat des tropiques, les autres s'occupent de
l'élevage du bétail qui constitue la principale
ressource des colons [1]. Quand ils ont passé
cinq ou six années dans ces conditions, ils

---

1. Les troupeaux, composés souvent de plusieurs milliers
de têtes, vivent à l'état sauvage; plusieurs fois par an, on les
amène dans des *paddocks* pour y être comptés et marqués. Ces
rassemblements, opérés par des hommes à cheval *(stockmen)*,
constituent un spectacle fort curieux. Il y a environ cent mille
têtes de bétail dans la colonie.

peuvent, avec chance de succès, travailler pour
eux-mêmes. Mais, comme je l'ai dit, les colons
riches sont à l'état d'exception et pour dix
condamnés loués à M. L..., grand éleveur
anglais, ou à M. W..., un Australien qui cultive
le café, il y en a cent qu'on met au service des
petits propriétaires, parmi lesquels beaucoup
d'anciens laissés pour compte de la commune
et, pourquoi ne point le dire, pas mal de libérés
plus ou moins réhabilités.

Ici, pas de logements séparés, par de surveillance ; l'uniforme de toile bise n'effarouche
personne ; maîtres et valets vivent sur un pied
de familiarité et d'intimité complètes. Ces
mœurs qui, ailleurs, seraient patriarcales, de-
viennent l'indice d'une véritable oblitération
du sens moral. Le colon libre n'a plus au
degré nécessaire la notion de la distance qui
le sépare du forçat, et le forçat est bien près
d'oublier son indignité.

J'admets et je désire, — c'est ma thèse, —
que le malfaiteur, purifié par le baptême du
repentir, puisse faire reprendre à la génération

issue de lui un rang modeste parmi les honnêtes
gens, mais à la condition expresse qu'il s'efforce
de monter où ils sont, sans que ceux-ci aient
fait un mouvement vers lui.

Mais si, d'aventure, c'est le contraire qui a
lieu, si le condamné attend l'homme libre au
bas de l'échelle sociale pour fraterniser avec lui,
la colonisation sans épithète est fort compromise, et la colonisation pénale, au lieu d'être
un puissant adjuvant, risque de contaminer ce
qu'elle touche.

Certains intérieurs campagnards présentent
le spectacle d'un inconscient cynisme.

Lorsqu'on parcourt la *brousse*, on rencontre
souvent le dimanche, par les chemins, des
groupes ainsi composés : un colon, sa femme,
ses enfants, deux ou trois condamnés. Ces
gens se promènent d'un pas de flâneurs, causant
et riant gentiment en bons bourgeois qui jouissent du repos hebdomadaire ; les enfants gam-
badent, jouent avec les condamnés, les tirent
par leurs vareuses, les taquinent, se pendent à
leurs bras ; et la mère contemple ces ébats

d'un œil attendri. On est heureux et calme, la conscience est tranquille, et, en rentrant, on soupera de bon cœur à l'ombre du grand *kaori* qui abrite la maison.

Chez un tuilier des environs de Nouméa, c'était mieux encore. On se réunissait le soir, entre voisins ; deux condamnés mélomanes, au service du maître de céans, s'armaient, l'un d'une flûte, l'autre d'un piston, et régalaient « la société » des plus jolis morceaux de leur répertoire. On chantait, on buvait et on dansait sous la coudrette : la musique adoucit les mœurs.

A vrai dire, les virtuoses étaient médiocres, car tous les instrumentistes d'une certaine force sont accaparés par la fanfare de la Transportation [1], mais il faut profiter de ce qu'on a, et puis à la campagne...

Par une juste compensation, si l'artiste est rare, le bachelier abonde et n'est pas moins apprécié. Rien de plus commode, en effet, pour

---

1. Cette fanfare, qui est remarquable, compte environ quarante exécutants, dont plusieurs ont figuré dans les orchestres les plus *select*.

un colon dégagé de nos préjugés continentaux,
que d'avoir sous la main, dans ce pays à peu
près dépourvu d'écoles, un professeur capable
de faire pénétrer ses enfants dans les arcanes
de la grammaire, de fortifier leur esprit et leur
cœur par l'austère étude de l'histoire.

Quelle singulière notion du bien et du mal
auront plus tard ces pauvres petits créoles !

On peut juger par ces traits combien on a
manqué de clairvoyance en essayant de faire
fusionner, avant le moment psychologique, la
population libre avec la population pénale. Il
est très difficile, il est même impossible de
reprendre certains dons funestes quand on a
eu l'imprudence de les faire et on ne saurait
songer à remettre en tutelle un pays émancipé
trop jeune ; mais il faut veiller sur sa santé.

Ce ne serait porter atteinte, j'imagine, à
aucun droit, à aucune liberté légitime, que de
placer, par la *réintégration* de leurs « engagés »,
les colons néo-calédoniens dans la situation où
se trouvent nos concitoyens de la Réunion ou
des Antilles.

Qu'arriverait-il ? simplement ceci :

Chacun travaillerait soi-même au lieu de faire travailler les autres, en même temps que le *far-niente* cesserait de régner en maître ; les marchands de « tafia », voyant leur clientèle diminuer, boucleraient leurs malles : le niveau de la moralité publique hausserait de plusieurs dègrés.

L'État continuerait son œuvre dans des conditions normales et logiques. Après s'être donné beaucoup de peine pour redresser quelques arbres tordus et déformés, il n'aurait plus l'ennui de voir des mains maladroites ou ignorantes couper trop tôt ses ligatures, enlever prématurément ses tuteurs et tout compromettre.

On reviendra, je l'espère, à l'excellente institution des élèves « concessionnaires ». Ce système, qui a été délaissé par des raisons que j'ai dites, consiste à réunir tous les forcats, jugés dignes d'obtenir une concession, à les charger de préparer pour la culture, sous la direction d'agents techniques, les terrains qui seront alotis, de bâtir les cases, de tracer les chemins, etc., en un mot, de créer les villages qu'ils habiteront bientôt.

C'est une transition très heureusement imaginée entre le travail forcé et l'initiative individuelle. Rien n'est plus propre à encourager la discipline, garantie du bon ordre, et à faire naître l'esprit de solidarité, garantie du succès. Des notes mensuelles, données par les surveillants au point de vue de la conduite et par les agents de culture au point de vue de la capacité professionnelle, déterminent la longueur du stage imposé à chaque candidat.

Le groupe de concessionnaires actuellement le plus prospère a été créé de cette façon, alors que l'administration, dans un moment d'énergie, avait mis sur sa porte : « Le public n'entre pas ici. »

Souhaitons qu'un ministre bien avisé ordonne de replacer l'écriteau.

*
* *

Sans m'attarder davantage aux commen-

taires, je vais vous présenter le forçat concessionnaire.

Lorsque le condamné-candidat a terminé son
stage et qu'on a des lots de terrains disponibles, si, d'autre part, il est âgé de moins de
cinquante ans, reconnu suffisamment valide
par le médecin, et s'il possède un pécule d'au
moins deux cents francs, il reçoit l'investiture
d'un fief de quatre ou cinq hectares situé dans
l'un des centres agricoles : *Bourail*, *Fonwary*,
le Diahot, *Pouembout*. En guise de lettres-
patentes, on lui délivre un titre provisoire de
propriété ; il échange au magasin sa livrée
grise contre un costume de toile bleue, et,
pour achever la transformation, on lui permet
de laisser pousser ses cheveux et sa barbe.

Le voilà redevenu, d'aspect, un homme comme
les autres : sa femme, ses enfants, n'hésiteraient
pas à le reconnaître. Quel soupir de satisfaction doit gonfler sa poitrine quand on lui
notifie la bienheureuse décision depuis tant
d'années attendue !

Les premiers mois sont durs, néanmoins ;

mais que ne supporterait-on pour posséder une
parcelle de cette liberté dont une longue
absence a révélé tout le prix !

Quelques-uns se voient attribuer un lot abandonné, trouvent, par conséquent, une case
toute construite et un terrain déjà mis en culture ; ils ne seront obligés que de réparer et
d'améliorer : c'est une chance exceptionnelle
sur laquelle on ne peut compter. Habituellement le concessionnaire est conduit dans un
bois de *niaoulis* faisant partie d'un domaine
pénitentiaire, on lui remet une hache, un
sabre d'abatis, une pioche et une bêche, puis
on lui tient ce discours paternel : « Vous avez
devant vous trente mois pour défricher, piocher
et semer votre terrain, pour construire une
habitation ; pendant ce temps, vous toucherez
une ration de vivres ; si, les trente mois écoulés,
vos champs ne sont pas couverts de maïs et de
haricots, si votre maison n'est pas bâtie, vous
serez dépossédé. Ceci dit et compris, mettez-
vous à l'œuvre, et du courage. »

En général, tout est prêt avant le délai fixé.

Vous pensez bien que le cottage est d'une architecture primitive, mais il suffit pour abriter ses hôtes de la pluie et du soleil; plus tard, si on réussit, on s'occupera d'y introduire un peu de confortable. La vente des récoltes a produit quelque argent; on achète des poules et un couple de *pocas* (cochons). Désormais, on peut se passer des vivres alloués par l'administration; beaucoup de travail, une bonne santé, de l'initiative, un peu de chance et, s'il plaît à Dieu qui regarde même les forçats, on se tirera d'affaire. Oui, mais à une condition: ne pas vivre seul, faire venir sa famille de France ou se marier, retrouver ses dieux lares ou se créer une nouvelle patrie.

Pour le condamné à perpétuité, qui ne deviendra jamais propriétaire, c'est un puissant encouragement que la certitude de pouvoir transmettre à ses enfants le coin de terre conquis au prix d'une rude expiation, défriché de ses mains, fertilisé par la sueur de son corps. Pour le condamné à temps, qui sera propriétaire quatre années après sa libération, il se sentira relevé aux yeux des siens toutes les fois que l'un d'eux prononcera les deux mots : « chez nous » dont peut-être auparavant il ne connaissait pas le sens.

Voilà, me direz-vous, qui est bel et bon; mais on ne saurait soutenir que les familles des forçats, fort suspectes pour la plupart, apportent de France avec elles une atmosphère de vertu : le fait même de venir partager la vie d'un criminel, de voir encore en lui un mari ou un père, ne prouve-t-il pas une absence de scrupules presque monstrueuse? Quant aux mariages conclus dans la colonie, c'est pis encore. Comment admettre que l'union d'un assassin et d'une empoisonneuse soit désirable! N'est-il point immoral de souhaiter la propagation de pareille engeance?

Je ne sais pas bien de quelle façon un philosophe s'y prendrait pour essayer de réfuter une aussi solide objection : n'étant pas philosophe, je me garderai de le tenter. Ce dont je suis certain, par exemple, et cela pour l'avoir constaté, c'est que les faits donnent raison au paradoxe contre la logique, c'est que le phénomène suivant n'est pas rare : le mélange de mauvais éléments produisant un tout fort acceptable. Si bien que la majorité des ménages de concessionnaires peut être comparée à nos ménages de paysans au point de vue de la conduite.

En ce qui concerne la progéniture de ces accouplements de parias, voici un renseignement que je garantis et qui déconcerte complètement la fameuse loi d'atavisme : depuis près de vingt ans que l'on met des forçats en concession, *pas un seul enfant d'origine pénale n'a été l'objet d'une poursuite correctionnelle.* Expliquera cela qui pourra.

Entendons-nous, cependant : je n'ai pas la prétention de prouver que les centres de concessionnaires soient habités par des aspirants au prix Montyon, et je sais fort bien que si l'honnêteté et la chasteté disparaissaient de nos villes, elles n'auraient vraisemblablement point l'idée de se réfugier à Bouraïl.

Ce qui est vrai, ce que je veux dire, c'est que l'influence des milieux est telle sur l'âme

humaine qu'elle transforme non seulement le condamné lui-même, mais encore, par un bienfaisant choc en retour, ceux qui vivent de son existence.

Je parlerai tout à l'heure avec quelque détail de cette intéressante question qu'on pourrait appeler « les surprises du mariage. » Mais puisque j'ai prononcé le nom de Bourail, visitons-le. Nous y rencontrerons à chaque pas des vérités qui ne sont pas vraisemblables.

CHAPITRE V

A LA VILLE ET AUX CHAMPS

L's de M. Pállu. — Bourail : son aspect, ses boutiques, ses restaurants, ses hôtels, son marché. — « Le Couvent ». — Le Kiosque vert. — Les mariages de Bourail. — Demoiselle avec tache. — Influence de la famille. — Les enfants. — Ferme école de Néméara. — Les colons de la banlieue. — Un syndicat original.

Les bateaux qui font le « tour de côte » sont si horribles, que je ne vous engagerai pas à les prendre, même en imagination. Suivons donc la route qui longe le rivage; elle est excellente et, de plus, fort pittoresque. Son point terminus est *Bouloupari* : gendarmerie, camp de condamnés, bureau de poste et de télégraphe, maison d'école, quatre débits, deux auberges, un maire, deux adjoints, quelques moustiques, beaucoup de puces.

Nota bene : Il y a quelques années, le gouverneur [1] prit, sur la demande de la municipalité, un arrêté aux termes duquel Bouloupari fut autorisé à ajouter une *s* à la dernière syllabe de son nom, en sorte que les quatre débitants jouissent officiellement du titre de *Boulouparisiens*. (Adorons une fois de plus les beautés de l'administration.)

A partir de Boulouparis, — n'oublions pas l'*s* de M. le gouverneur, — on ne trouve plus qu'un sentier muletier assez facile, quand les nombreux torrents qui le coupent n'ont pas grossi. On traverse *La Foa*, petite colonie libre (maire, adjoint, conseiller général, nuées de moustiques), collée à un centre important de concessionnaires. Ceux-ci ont formé plusieurs villages : *Fonwary, Focola, Farino, Thia :* ils cultivent le café avec beaucoup de succès et font de l'élevage. Mais nous n'avons pas le temps de nous arrêter.

1. M. Pallu de la Barrière.

Encore une quarantaine de kilomètres et
nous voici sur une haute montagne. A nos
pieds s'étend une vaste plaine, dont la vue
surprend et réjouit : des champs bien cultivés,
des prairies, des bouquets d'arbres, le tout
égayé par les méandres d'une rivière assez
large : çà et là, éparpillées dans la campagne,
des maisons dont on aperçoit les fumées. Tout
au fond, adossé à un amphithéâtre de collines,
un village groupé autour du clocher de son
église : c'est Bourail, le centre le plus important de l'île après Nouméa. A mesure que nous
descendons, le sentier s'élargit et se transforme
bientôt en une jolie route carrossable, fort
bien entretenue, ce qui nous indique que nous
avons franchi la limite qui sépare le domaine
local du domaine de l'État. Nous sommes
parvenus sur un territoire dont les habitants
présentent cette particularité, assurément peu
banale, de sortir tous du bagne.

Bourail date de 1869; ce n'était alors qu'un
simple pénitencier isolé au milieu de l'immense
domaine que l'État possède dans cette partie

6.

de la colonie. On y envoya les premiers concessionnaires. Terres assez fertiles, arrosées par
la *Néra* dont l'estuaire, distant de douze kilomètres, forme un port excellent. Aucun endroit
ne pouvait être mieux choisi pour tenter
l'expérience de la colonisation pénale. Aujour-
d'hui, quatre cents familles environ, composant
une population de 1 650 personnes, sont instal-
lées, — concessionnaires « urbains » et concessionnaires « ruraux, » — dans le bourg et
dans la plaine.

Une heure de chemin nous sépare du village
proprement dit : nous croisons des voitures à
bœufs, des hommes en blouse revenant du
travail, leurs outils sur l'épaule, des amazones
rustiques qui chevauchent dans une posture
toute masculine, le fouet de *stockman* à la
main [1].

Le pavillon qui flotte au-dessus d'une élégante
habitation dominant le village indique la de-

---

1. On voit souvent des femmes prendre part au rassemblement
de troupeau et « courir le bétail » avec une hardiesse extraordinaire.

meure du commandant. Ce fonctionnaire ayant
ici droit de haute et basse justice, il est, avant
toute chose, nécessaire d'aller lui demander
l'autorisation de visiter son mandarinat, ce
qu'il accorde de fort bonne grâce, sur le vu
d'une lettre d'introduction. Cette formalité
remplie, il est temps de chercher un gîte. On
le trouve à « l'hôtel de France, » immeuble
de tournure assez engageante qui appartient à
la veuve d'un condamné ; la cuisine y est faite
par une ancienne réclusionnaire, et on y est
servi par deux libérés pleins de zèle. Un peu
de couleur locale est très agréable en voyage.

Point n'est besoin de *Guide-Joanne*, pour se
diriger dans Bourail. La topographie en est
simple. Comme beaucoup de nos petits chefs-
lieux de canton, il ne se compose guère que
d'une seule rue, mais quelle rue !

Visitons quelques boutiques.

Voici un sellier-bourrelier assez bien appro-
visionné ; c'est un Italien condamné par la
Cour d'assises de Versailles aux travaux forcés
à perpétuité comme faux monnayeur. Très

intelligent, habile dans son métier, — il se
vante d'avoir travaillé aux harnais des équi-
pages de Victor-Emmanuel, — D..., a gagné
de l'argent bien et dûment poinçonné ; sa
femme est élégante et pose pour la dame.
Avant son « malheur [1], » il avait fiancé l'aînée
de ses deux filles à un jeune homme employé
dans un ministère. Survint la condamnation
qui rompit brusquement les projets de mariage ;
mais l'amour ne voulut pas en avoir le démenti
et se confia au hasard qui lui prêta son assistance. Pendant que D..., était embarqué sur
un transport à destination de l'île Nou, le
jeune bureaucrate recevait l'ordre de servir
son pays, en copiant des lettres à Nouméa.
Quelques années se passèrent pendant lesquelles D... travaillait dans les ateliers pénitentiaires, et M. X..., penché sur son buvard,
moulait de la ronde en soupirant. Le jour arriva
où D..., ayant obtenu une concession urbaine, sa
famille s'installa avec lui à Bourail. Vous devinez

---

1. Euphémisme qu'emploient toujours les forçats quand ils
sont obligés de parler de leur crime.

le reste: une rencontre, un feu mal éteint qui se rallume et le triomphe de Cupidon consacré par l'hymen. Quant à la seconde fille, on l'a casée de façon plus modeste: elle s'est bornée à épouser un concessionnaire en cours de peine. Le sellier de Bourail est un beau-père éclectique.

Plus loin, nous lisons: « Dunet, artiste capillaire. » Autrefois le plus bel ornement du boulevard de la Villette; il a une fort jolie femme et n'a pas perdu ses bonnes habitudes, à ce qu'on prétend: rase la gendarmerie et les fonctionnaires.

A côté de ce *peluquero*, une imprimerie et une photographie dans le même local. La littérature et l'art y sont personnifiés par un seul libéré dont l'activité a besoin de plusieurs objectifs. Cet individu rédige l'*Indépendant de Bourail*, journal hebdomadaire, humoristique et satirique.

Voici une petite épicerie tenue par un ancien prêtre; son commerce n'a pas l'air très florissant.

« Librairie, cabinet de lecture. » Cette boutique a pour titulaire un ex-notaire à la face rasée, au maintien très digne. Il est veuf, par cette bonne raison qu'il a tué sa femme. Signe particulier : joue du piano et excelle dans la chansonnette comique.

Son voisin est un horloger bijoutier, qui fit jadis des opérations d'un goût douteux sur les diamants. Je lui ai donné ma montre à réparer, et contrairement à l'usage il ne me l'a point abîmée, ce dont je lui conserve de la gratitude.

Citons encore un restaurant : « Au rendez-vous des amis » ; le patron est un Chinois, autrefois matelot au commerce, condamné pour rébellion ; il s'est marié à Bourail et parle avec l'accent de Marseille. On m'a assuré que ses pâtés sont tout à fait remarquables.

Marchands d'étoffes, tailleurs, boulangers, bouchers, tous les genres de commerce sont représentés d'une façon intéressante dans ce petit bourg.

Chaque dimanche, jour de marché, les con-

cessionnaires s'y rendent qui à cheval, qui en
voiture, et s'approvisionnent pour la semaine ;
ils apportent, de leur côté, des légumes, des
fruits, du laitage.

Tout à l'entrée de Bourail, est un pont fort
pittoresque jeté sur la *Néra ;* il conduit à
l'usine à sucre *Bacouya* dont on aperçoit de
très loin la haute cheminée rouge. Cette usine
appartient à l'administration pénitentiaire. On
y fabrique du rhum excellent et de la cas-
sonade. Il va sans dire que l'exploitation n'en
est pas rémunératrice, mais que voulez-vous ?
Après avoir encouragé les concessionnaires à
planter de la canne, parce qu'on avait acquis
une usine, il faut bien garder l'usine pour
que les concessionnaires puissent écouler leurs
cannes. L'État s'entend merveilleusement à ce
genre de spéculation.

Autres monuments : l'église, d'un assez bon
style roman ; l'hôpital très mal installé, qui
reçoit gratuitement les concessionnaires ; deux
médecins des colonies le dirigent. Ces officiers
du corps de santé sont en outre chargés d'as-

surer les soins médicaux à tous les habitants
du centre, service extrêmement pénible et qui
exige d'incessantes courses à cheval ; aussi,
quand ces messieurs ont accompli leur période
de séjour réglementaire, ils sont devenus d'in-
trépides cavaliers.

Beaucoup moins occupés sont les gendarmes.
Étrange, n'est-ce pas ? mais c'est ainsi : les
crimes sont rares au pays des criminels.

La maréchaussée se distrait de son inaction
en allant à la chasse aux perruches et aux
pigeons verts ; elle a, de plus, l'agrément d'être
fort bien logée et de jouir d'une vue superbe.

Pas grand'chose à dire des écoles primaires,
dirigées par des congréganistes : les «petits pays
chauds » ne font guère plus de fautes d'orthographe que les Occidentaux. Pourtant j'ai
éprouvé une sensation désagréable en voyant
les enfants du commandant assis côte à côte avec
des enfants de libérés et de condamnés ; l'excès
en tout est un défaut, même s'il s'agit d'égalité
et de fraternité. A la vérité, ces jeunes écoliers
n'étaient pas mêlés aux 'autres pendant les

heures de récréation où une femme *reléguée* les surveillait.

*
* *

J'ai gardé pour la fin le « couvent », autrement dit, en style officiel, la « maison de force et de correction pour les femmes. » C'est une construction basse, irrégulière, d'aspect renfrogné, entourée d'un mur lézardé. On traverse, pour arriver à la porte d'entrée, une cour où s'étiolent quelques arbres rabougris et au centre de laquelle s'élève un kiosque en treillis vert dont je vous révèlerai tout à l'heure la bizarre fonction.

Une religieuse vient nous ouvrir et nous introduit dans un étroit parloir aux murs blanchis à la chaux : un crucifix, quelques images de piété, cinq ou six chaises de paille constituent le mobilier de cette pièce, la plus luxueuse de l'établissement.

Quelques instants après, la supérieure arrive, suivie de son fidèle chef d'état-major, l'excellente sœur Agnès. Malgré son âge avancé, elle est très alerte; des yeux pleins de bonté et aussi, parfois, de malice éclairent son visage franc et ouvert qu'encadre la cornette aux larges ailes blanches. Quant à la sœur Agnès, c'est la gaîté en personne. Du reste, toutes les religieuses attachées au « couvent » de Bourail ont, — comment dirai-je? — l'air « bon enfant ». L'habit de l'ordre de Saint-Joseph de Cluny semble les avoir laissées femmes : elles ignorent les circonlocutions, les lèvres pincées, les yeux baissés et le ton douce-reux.

Si j'étais chargé d'assigner un rang à toutes les héroïnes de l'abnégation qui consacrent leur vie, comme les Petites sœurs des pauvres et les Filles de la charité, à soulager les dou-leurs humaines, je ne sais pas si je ne décer-nerais point le prix aux sept ou huit nonnes bien ignorées, réunies dans le « couvent » de Bourail.

Leur dévouement s'est imposée une tâche plus émouvante encore à mon avis que celle qui consiste à panser des plaies, à respirer des miasmes empoisonnés, à soigner des infirmités répugnantes : c'est celle de contempler avec un regard pur des spectacles d'une immoralité révoltante, d'entendre avec des oreilles chastes les propos les plus orduriers.

Oculos habent et non videbunt ; aures habent et non audient.

La respectable supérieure veut bien nous faire elle-même les honneurs de la maison. Cet établissement abrite environ quatre-vingts femmes envoyées en Nouvelle-Calédonie pour réaliser les rêves matrimoniaux des concessionnaires célibataires ou veufs. Précisément, ces dames sortent du réfectoire et se promènent dans le préau. Notre apparition, — tant pis pour notre modestie, — cause parmi elles une sensation profonde : ce ne sont partout, sur notre passage, que révérences campagnardes ou prétentieuses, que sourires engageants ou pudiques, que des « oui, ma mère » pleins de soumission, adressés à la supérieure, mais en réalité destinés à nous faire entendre des voix qui se rendent humbles sans parvenir, hélas! à paraitre argentines.

La plupart de ces femmes sont laides et affreusement vulgaires ; cinq ou six seulement sont jolies. La plus remarquable est une brune dont la tournure élégante, les traits réguliers et distingués contrastent avec les allures communes et les figures flétries de ses compagnes.

— C'est une fameuse coquine! nous dit la supérieure. Venue ici comme condamnée à perpétuité pour meurtre, elle a consenti, afin de sortir de cage, à épouser un Arabe, Mohammed ben Turquia, concessionnaire ; quelques jours après son mariage, elle avait disparu, emportant les hardes et tout l'argent du bonhomme. A peine était-elle remise sous clé, que son mari vint la réclamer : on la lui rendit ; le soir même, ben Turquia était de nouveau sans femme et sans argent.

Vous croyez que l'Arabe en a eu assez? Pas du tout. Plusieurs fois la comédie s'est renouvelée, et hier encore ben Turquia est allé supplier le commandant de lui rendre l'infidèle,

mais on la lui a refusée. Elle va donner du fil
à retordre !

— A propos de caractères indomptables,
continua-t-elle, il faut que je vous montre ce
que nous avons de mieux en ce genre.

On nous ouvre la cellule n° 2 occupée par
une femme, jeune, fluette, pas trop laide. Cette
réclusionnaire purge une punition d'un mois
de cachot pour avoir commis le délit *d'outrages
à la force armée :* elle était montée sur le toit
et, de là, envoyait des baisers aux gendarmes !

Pandore est farouche en ses pudeurs.

A mesure que les prisonnières, la cloche
sonnée, défilent devant nous pour se rendre, qui
à l'ouvroir, qui à la cuisine, nous interro-
geons sur leur compte la bonne supérieure.
Ses réponses sont parfois très amusantes :

— La grande là-bas, qui prend un air sainte
Nitouche, elle *faisait la cocotte* à Paris.

— Cette autre a été condamnée pour avoir
tué son amant à coups de bouteille.

— Quant à celle-ci, mon cher monsieur,
quelle gaillarde ! je croyais bien, voyez-vous,

tout connaître en fait de vice, eh bien, elle m'a appris des choses que j'ignorais *(sic)*.

*
* *

Ce quartier disciplinaire est intéressant, mais en somme, il n'offre rien d'absolument inédit.

Le vrai *clou* (sans jeu de mots) du couvent de Bourail, c'est la partie de l'établissement réservée aux femmes en instance de mariage.

Voici comment les choses se passent.

Quand un concessionnaire, las de vivre seul, songe à se donner une compagne, il adresse une demande à ses chefs. S'il est bien noté et que l'administration ait des femmes disponibles, on l'autorise à « faire parloir ». Muni de sa permission, il se rend, accompagné d'un surveillant, au couvent où on le met en présence du gracieux essaim, plus ou moins nombreux suivant les circonstances. Il regarde, compare, réfléchit et lorsqu'il a fait son choix, désigne à la sœur gardienne l'objet de ses préférences.

— Revenez tel jour, à telle heure, lui dit-on.

La seconde entrevue, qui sera décisive, a lieu dans le kiosque dont j'ai parlé plus haut. Le kiosque a deux issues, l'une sur la place qui précède le couvent, la seconde en face de la porte de la prison.

Le prétendu entre par l'une, tandis que la rougissante promise est introduite par l'autre : du côté *cour*, un surveillant militaire se promène de long en large ; du côté *jardin*, une religieuse observe en égrenant son chapelet. Il importe que le dialogue ne prenne pas tout de suite un tour trop vif et que les interlocuteurs gardent, pour le jour de leurs noces, quelque chose à se dire.

La sœur tousse quand le diapason s'élève, et le surveillant se tient prêt à faire irruption si besoin est, au nom de la morale.

Il paraît que le duo commence toujours par quelques questions préjudicielles de Juliette à Roméo :

— As-tu des poules ? as-tu des porcs ? as-tu une moustiquaire ?

Si la réponse est favorable, un regard bien-

veillant prouve à l'amoureux que son cœur ne
l'a pas trompé et qu'il a bien trouvé son âme
sœur. On cause, on forme des projets d'avenir,
on parle de la prochaine récolte de haricots,
on en arrive à quelques tendres bourrades...
— si bien que la religieuse tousse discrètement
et que le surveillant interrompt sa promenade.

Plusieurs visites se font ; c'est la période des
petits cadeaux ; une paire de bretelles avec
chiffre brodé, et par réciprocité, un litre de
vin qu'on réussit à passer en cachette... Le
kiosque en treillis vert entend de doux aveux.

Les mariages sont, la plupart du temps,
célébrés par séries : j'ai vu dix-huit couples
réunis dans la petite salle qui sert de mairie.
Chacun attendait, en se tournant les pouces,
le moment d'être appelé. Quelques dames
n'avaient pas craint d'orner leur corsage de
fleurs d'oranger contre lesquelles semblaient
protester les dossiers empilés sur la table du
magistrat municipal[1].

1. Les fonctions d'officier de l'état-civil sont remplies par un
commis de l'administration pénitentiaire.

Dès que les trente-six « Oui, monsieur, » eurent été prononcés sur des tonalités diverses, les gens de la noce, ou, plutôt des noces, se rendirent à l'église : il ne serait pas *comme il faut* de se passer de la bénédiction nuptiale.

L'attitude des conjoints pendant la cérémonie était fort plaisante : les hommes, très gênés, se levant, s'asseyant, s'agenouillant, très embarrassés de leur chapeau qu'ils tenaient à la main, qu'ils laissaient tomber, qu'ils mettaient sur leurs genoux ; les femmes prenant un air de componction, les mains jointes, remuant les lèvres, feignant de marmotter des prières.

C'était tellement drôle, qu'au beau milieu du speech attendri du pauvre aumônier, un jeune officier qui nous accompagnait fut pris d'un fou rire et obligé de sortir.

Et pourtant, cette scène, malgré ses côtés comiques, avait un fond bien sérieux. Qu'allait-il advenir de ces dix-huit ménages ? Apporteraient-ils un élément de force ou de faiblesse à l'œuvre de la colonisation pénale ?

Il est probable que, subissant la loi psycho-

7.

logique que nous avons constatée, la majorité
de ces unions aura bien tourné.

Une anecdote, à titre d'exemple.

Parmi les pensionnaires du Couvent, « de-
moiselles avec tache » en instance de mariage,
il y avait trois filles condamnées pour infan-
ticide.

Comme elles étaient jeunes et vigoureuses,
qu'elles savaient un peu de cuisine et connais-
saient le travail des champs, les demandes
affluèrent. Dans la foule des prétendants, on
choisit trois concessionnaires particulièrement
bien notés, laborieux, capables de subvenir aux
besoins d'une progéniture éventuelle et on leur
accorda la faveur du kiosque.

Les mariages, de même que ceux dont je viens
de parler, furent célébrés en même temps. Les
nouveaux couples, munis du livret de famille
délivré par l'officier de l'état civil et de la bénédiction de M. le curé de Bourail[1], se présentèrent
devant le commandant du pénitencier, qui leur

1. Le Père Chaboissier, mariste et ancien zouave, décoré de
la médaille militaire sur le champ de bataille.

adressa de bonnes paroles et leur souhaita heu-
reuse chance; puis ils se dirigèrent bras dessus
bras dessous, chacun chez soi.

L'année suivante, comme je revenais à cheval
d'une excursion dans le nord de la colonie,
je rencontrai tout près de Bourail, au hameau
de « la Gendarmerie », — un nom bien suggestif pour un centre pénitentiaire! — M. le
commandant, qui faisait sa tournée hebdomadaire. Une de mes premières paroles fut :

— Et nos trois ménages d'assassins et d'in-
fanticides, que sont-ils devenus?

— Ils prospèrent. Et, tenez, l'un d'eux habite
ici près, dans cette maisonnette qu'on aperçoit
sur le coteau. Si vous voulez m'accompagner,
nous la visiterons ensemble.

Nous quittâmes la grande route pour prendre
un chemin rural, et, en un temps de trot,
nous fûmes devant une case de bonne apparence, précédée d'un jardinet fleuri.

Assise sur un banc, à côté du seuil que
protégeait un auvent, une jeune femme, proprement habillée, allaitait un baby, tandis que

son mari, un peu plus loin, bottelait du fourrage : une vraie scène à la Berquin.

L'homme vint à nous, le chapeau à la main.
Le commandant l'interrogea sur ses travaux,
sur ses projets; il répondit que les affaires
n'allaient pas mal, « qu'on s'accordait bien
avec la Catherine, qui était réellement une
bonne femme », et que tous deux n'avaient
qu'une idée : amasser quelques économies pour
le « petiot ».

— Alors, hasardai-je, votre femme l'aime
bien, son « petiot » ?

— C'est-à-dire, monsieur, qu'elle en est
quasiment folle. Elle me répète souvent en
pleurant : « Vois-tu, ce gosse-là, je l'aime
double ! »

Ce mot me parut profond et éloquent, plus
convaincant qu'un long discours.

Délivré de l'étreinte de la misère, l'instinct
maternel avait enfin parlé chez Catherine; elle
était devenue une femme comme les autres
femmes depuis le jour où la société lui avait
permis d'avoir un enfant et donné la possi-

bilité de l'élever. Maintenant elle versait des larmes au souvenir du pauvre innocent qu'elle avait tué dans son affolement d'animal aux abois; elle consacrait au petiot la part d'amour qu'elle aurait réservé à l'*autre*, si elle avait eu, alors, du pain et un peu d'aide.

Comme d'habitude l'assistance sociale était arrivée trop tard.

Un gouverneur prétendait avoir chiffré exactement la moyenne des ménages modèles, et il l'évaluait à 66 p. 100. J'ignore sur quelles bases il avait édifié son calcul, mais j'ai lieu de penser que cette proportion, fort enviable partout ailleurs qu'en pays de bagne, est très optimiste. Qui veut trop prouver ne prouve parfois qu'un zèle inconsidéré.

Contentons-nous de la réalité, déjà fort satisfaisante : à savoir que les scandales conjugaux ne sont guère plus fréquents à Bourail que dans n'importe quel endroit du globe, pourvu toutefois que l'administration ne cesse d'assainir, de surveiller, d'encourager.

Quand l'aisance pénètre dans l'une de ces

cases rustiques, elle apporte, avec le sentiment
de la propriété, le goût de l'épargne et, par
conséquent, le besoin de l'ordre et de la régularité. Si les choses en sont déjà là lorsque
naissent les enfants, il y a fort à parier qu'ils
trouveront établie autour d'eux la notion du
tien et du *mien* qui a manqué à leurs parents.
On leur apprendra qu'il faut fermer sa porte
pendant la nuit, par crainte des voleurs ; en
voyant à quel point chacun est jaloux de sa
clôture, de son fossé, de son droit de passage,
ils seront convaincus que l'on commet un
attentat en franchissant la haie mitoyenne. De
cette idée en découlent beaucoup d'autres qui
eussent fait ouvrir autrefois de grands yeux à
leurs père et mère.

La femme et les enfants venus de France
auront presque toujours sous ce rapport, — je
l'ai déjà indiqué, — une éducation à refaire et
de vieilles habitudes à vaincre. Voilà pourquoi,
tout en reconnaissant la nécessité de faciliter
largement l'exode des familles de condamnés,
j'ai beaucoup plus de confiance dans les ma-

riages conclus à l'aide du kiosque octogone que dans la réunion d'époux séparés depuis de longues années.

Je ne parle, bien entendu, que des unions entre Européens : les mariages entre femmes françaises et transportés arabes sont pire que tout, je les ai dépeints en vous racontant les mésaventures de Mohammed ben Turquia. Quant aux mariages de condamnés avec des femmes indigènes, ils sont tellement rares que ce n'est pas la peine de les mentionner.

Il résulte de ce qui précède que, pour obtenir la régénération du forçat par la vie de famille, il ne suffit pas de le réunir aux siens ou de le marier. L'administration a une tâche infiniment plus complexe et plus délicate : elle doit développer chez le condamné l'instinct de la propriété, elle doit s'occuper des enfants.

Quelques mots sur ces deux points.

* *
*

J'ai dit que pendant une période de trente

mois à partir de son installation, le concessionnaire reçoit une allocation de vivres. Ce temps
écoulé, l'homme est livré à lui-même : il doit,
dès lors, gagner assez d'argent non seulement
pour « joindre les deux bouts » et éviter ainsi
d'être frappé par l'usurier qui le guette, mais
encore pour faire des économies, augmenter
son modeste train de culture et se préparer à
pouvoir nourrir plusieurs bouches. Aussi a-t-on
placé sous les ordres du commandant du centre
un agent technique, ancien élève de Grignon,
dont la fonction consiste à parcourir incessamment les concessions, se rendant compte des
progrès de chacun, de l'état des récoltes, dis-
tribuant ici des encouragements et des conseils
là des avertissements et des reproches. Juge-
t-il qu'un lot de terrain est mauvais ou insuf-
fisant, il propose une échange ou une augmen-
tation ; si l'inondation, le cyclone, la sécheresse,
une invasion de sauterelles viennent détruire
ou compromettre la moisson, il évalue les dom-
mages et sollicite un secours en vivres ou en semences. Chaque semaine il présente son rapport.

On a ainsi des données assez sérieuses sur la production des centres de colonisation pénale; grâce à ces indications on peut aider les concessionnaires à écouler leurs produits. L'administration en achète un certain nombre, car il est assez naturel que le bagne nourrisse le bagne, mais elle ne peut prendre que ce qui entre dans l'alimentation du forçat. Pour le reste, manioc, bananes, maïs, etc., comment le concessionnaire isolé sur son petit lot de terrain, étroitement attaché à sa glèbe par sa situation pénale, presque toujours, d'ailleurs, talonné par la *res angusta domi*, parviendra-t-il sans une efficace protection, à éviter les fourches caudines des marchands?

C'est afin de remédier à ce danger qu'on a créé des *syndicats de concessionnaires*, dont le plus important est celui de Bourail. Les concessionnaires désignent, pour les représenter, un certain nombre d'entre eux. Ce bureau, qui doit être agréé par l'administration, reçoit d'elle la faculté de faire certaines opérations commerciales et on met à sa disposition de

vastes magasins qui serviront d'entrepôt à tous
les produits de la circonscription. Cela permet
au syndicat de résister, si besoin est, à la pression des négociants de Nouméa, car ces derniers
qui ne trouvent point à s'approvisionner chez
les colons libres, se verraient réduits, s'ils ne
s'entendaient pas avec les syndicats, à faire
venir toutes leurs denrées d'Australie et à payer
un fret élevé. Chacun trouve donc son compte
à se montrer raisonnable.

L'association des concessionnaires de Bourail
et celles qu'on a instituées sur le même modèle
fonctionnent parfaitement et rendent de très
grands services. Les abus y sont très rares et
ce fait est digne de prendre rang parmi les
paradoxes en actions que j'ai notés déjà; car
on ne doit pas perdre de vue que le trésorier
et le secrétaire du syndicat sont, le plus souvent, d'anciens faussaires émérites. Toujours
l'influence des milieux !

Voilà de bonnes mesures destinées à secon-
der d'une façon intelligente le développement
de la colonisation pénale et à empêcher le *drai-*

nage de l'argent français par nos bons voisins les Australiens.

J'aborde le second point : la question si intéressante des enfants.

Il me paraît, dans mon modeste bon sens de voyageur impartial, que l'État est resté de ce côté fort au-dessous de sa tâche. Ce qu'il a fait pour les garçons est rudimentaire, et il n'a rien fait pour les filles.

*
* *

A quelques kilomètres de Bourail, dans le voisinage de trois petites tribus canaques, qui n'ont pas, comme les autres, émigré vers le nord, on a construit un bâtiment assez vaste auquel on a donné le nom un peu ambitieux de « ferme-école ».

L'établissement est placé sous la direction de frères maristes [1] on ne songe pas à le laïciser pour beaucoup de raisons dont la meilleure

---

1. Ces frères ont passé un contrat avec l'État; ils entretiennent et nourrissent les enfants à forfait.

devrait être ce mot si juste de Gambetta « nous ne faisons pas d'exportation » ; mot que le clergé semble s'être approprié, car évêque et missionnaires font, là-bas, très bon ménage avec la République, bien que n'étant pas vis-à-vis d'elle placés sous le régime du concordat.

Je dédie cette remarque à tous ceux qui redoutent si fort la séparation de l'Église et de l'État, comme à ceux qui la désirent et la réclament avec tant d'ardeur.

On y reçoit la progéniture mâle « d'origine pénale » à partir de six ans et jusqu'à seize ans. Lorsque j'ai visité la ferme-école de *Néméara*, elle comptait environ soixante-dix pensionnaires, et c'était, paraît-il, un beau chiffre. Comme je m'étonnais de la modicité de cet effectif :

— Que voulez-vous, me dit le frère directeur, nous ne pouvons agir que par persuasion et nous n'avons aucun moyen d'obliger les concessionnaires à nous confier leurs fils.

Ce respect pour la puissance paternelle m'a paru, je l'avoue, très intempestif. On fera dif-

ficilement comprendre à qui n'est pas légiste
de profession ou bureaucrate que des individus
privés de leurs droits civils et politiques demeurent en pleine possession de la plus sacrée
peut-être de toutes les prérogatives : l'autorité
du père de famille. Mais écoutez ceci, qui est
mieux. La loi sur l'instruction obligatoire force
tous les parents français à envoyer leurs enfants
à l'école : seuls les forçats concessionnaires
sont dispensés d'y obéir, — parce que ladite
loi n'a pas été promulguée en Nouvelle-Calédonie. Peut-on concevoir chinoiserie administrative à la fois plus absurde et plus dangereuse ?

Revenons à *Néméara*.

Les enfants, proprement vêtus d'un uniforme
de toile à petites rayures, la tête couverte d'un
large chapeau de paille, avaient des mines de
prospérité qui m'ont donné confiance dans la
cuisine de l'établissement et dans le climat des
montagnes calédoniennes. J'ai cherché vainement sur leurs visages le sceau de la fatalité
et n'ai trouvé que physionomies rieuses et

joues rebondies ; j'aime mieux cela, bien que mes convictions en fait d'atavisme soient de plus en plus ébranlées.

Les maîtres m'ont assuré que ces enfants seraient, en France, classés dans une bonne moyenne, je le crois sans peine car, ayant fait au hasard des questions sur l'histoire, la géographie, l'arithmétique, j'obtins des réponses fort satisfaisantes.

Et dire que la Nouvelle-Calédonie, qui possède déjà tant de choses, n'a pas encore d'inspecteur d'académie ni de délégués cantonaux !

Deux heures de classe le matin, une heure d'étude dans l'après-midi, le reste de la journée employé à des travaux agricoles, tel est le programme.

Il est, à mon avis, très critiquable. Que ferez-vous, messieurs, de tous ces agriculteurs ? Je veux bien que quelques-uns continuent à exploiter le lot paternel, et cela est même tout à fait indispensable ; mais ce lot n'a pas plus de cinq hectares et ne suffira pas à occuper trois ou quatre robustes ouvriers. Prenez garde que vos jeunes gens, faute d'avoir été pourvus d'un métier, n'aillent grossir le nombre des marchands de vin qui pullulent et, malheureusement, gagnent tous de l'argent.

Une école professionnelle eût rendu, à mon humble avis, bien plus de services que cette « ferme-école » qui ne justifie pas même son titre, puisqu'on n'y professe point d'enseignement spécial.

On ne trouverait peut-être pas, sur toute l'étendue de la colonie, trois cordonniers, maréchaux-ferrants, maçons, etc., qui ne sortent du bagne. Que la Transportation disparaisse, et voilà les colons libres fort empêchés de se procurer les choses les plus nécessaires.

Il y avait donc, de ce chef, un *pont* tout indiqué à jeter entre les deux éléments de peuplement ; et les élèves de *Néméara* sont fort bien placés pour le construire.

Faire des ouvriers serait excellent : préparer des ménagères ne serait pas de moindre importance. Si on y a songé, on n'a rien tenté jusqu'à présent. Quelques fillettes vont à l'école

primaire de Bourail et pendant si peu de temps
qu'elles n'y apprennent presque rien ; les
autres croupissent dans l'ignorance absolue et
vivent en vraies petites sauvages au fond de
la concession paternelle. Si régénérés que nous
supposions les parents, ils ne peuvent apprendre que le langage qu'ils parlent eux-mêmes.

Ceci me rappelle une anecdote que m'a ra-
contée un chef de centre.

Il venait d'être nommé et visitait pour la
première fois ses administrés, s'arrêtant à
chaque concession afin de bien connaître son
monde. Dans l'une d'elles, il avait trouvé toute
la famille réunie : les enfants le considéraient
avec une attention profonde, car le passage
d'un étranger constitue pour eux un événement
tout à fait extraordinaire. Comme il allait
tourner bride, la plus hardie de la bande,
gamine d'une dizaine d'années, lui dit, avec
le plus grand sérieux :

— Alors comme cela, c'est vous, monsieur,
qui êtes notre nouveau *singe*[1] ?

1. En argot de prison, singe veut dire : chef, maître, patron.

J'ai eu l'honneur de rencontrer pendant mon voyage en Océanie une demi-douzaine de « chargés de missions », anciens parlementaires abandonnés par le suffrage universel, jeunes savants bien apparentés, etc. Ces messieurs étaient pour la plupart des hommes charmants qui nous mettaient au courant des derniers succès dramatiques et des potins du boulevard, mais j'ai comme une vague idée qu'ils ne se sont jamais préoccupés des simples questions que, sans avoir leur haute compétence, je me suis permis d'effleurer. J'insinuerai même respectueusement cette réflexion : si on avait consacré à bâtir un internat pour les filles de transportés, les sommes émargées par les missionnaires civils, le budget de la métropole ne s'en porterait pas plus mal, et, dans dix ou quinze ans, notre colonie s'en porterait certainement beaucoup mieux.

* *
*

Quand on veut rendre un jugement équi-

table sur l'avenir d'un système et mesurer la
valeur utile des efforts qu'il provoque, il faut
tout d'abord chercher à savoir exactement au
milieu de quels éléments favorables ou défavorables il se meut.

C'est pourquoi les indications qui précèdent
étaient nécessaires à donner avant de montrer
le concessionnaire rural *at home*.

Une des premières cases que l'on rencontre
en quittant le village de Bourail, est habitée
par deux frères, les nommés Th...[1] qui, ayant
été mis en concession le même jour, ont obtenu
des terrains contigus. Vivant en fort bonne
intelligence, — bien que mariés l'un et l'autre,
— ils ont réuni leurs deux lots, ce qui leur a
permis de disposer d'une quinzaine d'hectares,
étendue suffisante pour entreprendre des essais
sérieux. Leur première tentative fut l'acclima-
tement du blé; elle réussit, mais que faire de
ce blé sans moulin pour le transformer en
farine? et on ne peut songer, sans capitaux,

---

1. On comprendra pourquoi je n'indique les noms que par
des initiales. Beaucoup de ces gens-là ont en France des parents.

à installer la moindre minoterie. Ils cherchè-
rent autre chose et bientôt, l'aîné des frères,
qui a été « pion » dans un collège, s'écria :
eurêka! Son idée, en effet, se trouva bonne
parce qu'elle était simple et que personne ne
l'avait eue : c'était de fabriquer du tapioca.
Tout le monde sait que le tapioca est du
manioc pulvérisé et préparé de certaine façon ;
or, cette plante pousse si vigoureusement en
Nouvelle-Calédonie, qu'on la donne en nourriture au bétail.

Après avoir couvert de manioc leurs quinze
hectares, les frères Th... construisirent avec
des morceaux de niaoulis[1] un outillage d'abord
très rudimentaire, qu'ils perfectionnèrent peu
à peu. Ils sont parvenus maintenant à fabriquer un produit de bonne qualité ; afin de bien
m'en convaincre, ils me forcèrent à emporter
de chez eux un échantillon. J'acquitte donc

1. Essence d'arbre très répandue en Nouvelle-Calédonie, qui
appartient à la famille des eucalyptus. Le *niaouli* a l'écorce
blanche du bouleau et la feuille de même nuance que celle de
l'olivier. Il se travaille assez mal et ne peut être utilisé que
pour faire des charpentes.

ma dette en déclarant qu'ayant confié mon petit paquet au chef cuisinier du *Polynésien*, cet artiste me confectionna un excellent potage. Si quelque jour vous apercevez dans une vitrine des sacs en papier jaune portant ces mots : « tapioca de la Nouvelle-Calédonie », rappelez-vous que c'est une industrie créée par des forçats mis en concession.

Encore deux frères, les nommés Nur..., jadis employés de manufacture à Marseille où ils furent, voilà quelque vingt-cinq ans, condamnés pour vol qualifié. Leur conduite au bagne a été parfaite et, depuis dix années déjà, ils sont concessionnaires. Ils ont mis ce temps à profit en vrais fils de la Canebière. Dès qu'ils eurent, grâce à leur travail et à leur économie, de l'argent dans leur escarcelle, ils bâtirent à côté de leur case une sorte de hangar, achetèrent aux éleveurs voisins des peaux d'animaux abattus et commencèrent, avec cet embryon de mégisserie, un commerce qui ne tarda pas à devenir lucratif. Bientôt le cuir de Bourail fit une timide apparition à côté des cuirs australiens, seuls en usage dans le pays, et la comparaison lui fut d'autant plus favorable qu'il coûtait beaucoup moins cher. Les commandes affluèrent. Les frères Nur... prirent rang parmi les industriels sérieux ; ils eurent du crédit sur la place de Nouméa, et comme leurs traites étaient régulièrement payées, les commerçants ne leur ménagèrent pas dans leurs lettres les formules de politesse en usage.

Au moment où je quittais la Nouvelle-Calédonie, je lus dans un journal local l'annonce qu'ils avaient été déclarés adjudicataires de la fourniture de souliers pour les forçats. Vingt mille paires de chaussures par an, c'est quelque chose.

Vous le voyez, mes Marseillais sont tout simplement en train de faire fortune. Mais ce qui est plus intéressant, c'est ce fait : sans eux, cette importante fourniture aurait été donnée à des Australiens, car il ne se trouvait *personne* dans la colonie qui fût en mesure de soumissionner.

Voilà donc deux industries restées jusqu'ici

8.

entre les mains de l'étranger que des colons
pénitentiaires ont introduites dans notre colonie. Il y a bien des officiers d'académie sur
terre qui n'en pourraient pas faire autant [1].

Continuons.

Une avenue de beaux arbres, longeant un
ruisseau, m'amène dans une cour de ferme qui
présente le spectacle animé d'une importante
exploitation rurale. C'est la concession Guill...,
le titulaire de cette concession, ancien assassin,
a épousé une femme libérée qui lui a donné
quatre enfants. Comme, sur un petit espace,
il est indispensable d'obtenir une culture rémunératrice, cet homme n'a pas hésité à transformer sa propriété éventuelle en caféière, s'en
remettant à la Providence du soin de le nourrir
pendant les trois ans qui sont nécessaires au
café pour atteindre l'âge adulte. Au bout de ce
temps, les dix mille plants, ayant réussi, lui
ont rapporté cinq mille francs, un vrai capital.

---

1. J'avertis la justice de mon pays que je n'ai rien touché
pour « frais de publicité » en faveur de cette maison de com-
-merce.

Au lieu de s'endormir dans les délices de Capoue, il acheta la concession d'un « définitif » et doubla ainsi l'étendue de sa terre.

Guill... doit être actuellement libéré ; il portera une jaquette, ses fils iront au collège de Nouméa et deviendront des *messieurs*. Pourvu que ceux-ci aient le bon sens de ne pas quitter le pays !

L'impression laissée dans mon esprit par cette opulence relative était bien faite pour servir de contraste à l'aspect misérable d'une petite case située de l'autre côté du chemin et sur laquelle l'aimable médecin colonial, qui, me faisant profiter de sa tournée, voulait bien me servir de cicerone, attira mon attention. Un homme assis devant sa cabane se leva à notre approche et nous salua gravement. Il était jeune encore, de haute taille, et portait une longue barbe blonde.

— Vous venez de passer devant une célébrité du bagne, me dit mon guide, c'est Berezowski.

Le docteur m'expliqua que, depuis plusieurs

années, Berezowski vit dans sa thébaïde, très solitaire, ne se liant avec personne, cultivant juste assez pour se procurer de quoi manger, très scrupuleux observateur des règlements et fort soumis à ses chefs. Son seul luxe consiste en un petit cheval qui lui sert à aller de temps en temps à Bourail vendre des légumes. On le traite avec bienveillance. Chaque courrier apporte à son adresse une liasse de journaux et de revues dont la lecture est sa principale occupation. D'ailleurs, jamais une plainte, jamais une allusion aux faits pour lesquels il a été condamné[1].

La physionomie de ce « régicide » me rappela celle d'un jeune nihiliste avec lequel j'ai eu l'occasion de naviguer. C'était un ingénieur qui se rendait dans le centre Amérique. Lui aussi avait un visage très doux et un maintien

1. Plus d'un quart de siècle s'est écoulé depuis le coup de pistolet, d'ailleurs inoffensif, tiré au Bois de Boulogne sur la calèche où les deux empereurs, Alexandre et Napoléon, étaient assis côte à côte. Quelqu'un, lisant ces lignes, n'aura-t-il pas l'idée de demander à notre grand ami le Tsar une grâce qui n'attend qu'un mot de sa bouche ? Cronstadt et Toulon n'ont-ils pas déjà amnistié le « Monsieur, vive la Pologne ! » contemporain de la balle de Berezowski et qui était d'aussi mauvais goût ?

timide, si bien que les passagers l'avaient surnommé « la jeune fille. » Or, un jour que les
hasards de la conversation avaient amené l'entretien sur la dynamite et que l'on blâmait les
applications de cette substance détonante à la
politique, notre ingénieur s'écria d'un accent
passionné : « C'est une chose sainte, la dynamite ! » Et il faillit prendre au collet le con-
tempteur de son procédé de gouvernement. Les
grands yeux bleus n'avaient plus rien de séra-
phique en ce moment. Ces Slaves sont vraiment difficiles à comprendre.

En pénétrant dans la concession Bernar...,
on ne se douterait guère que la flore calédonienne est à peu près nulle, et en voyant sa
jolie maisonnette devant laquelle s'étend un
parterre de roses, de camélias, de géraniums,
d'œillets multicolores, etc., on se croirait chez
quelque fournisseur de Labrousse ou de Vail-
lant-Rozeau.

Ce Bernar... avait été un jardinier-fleuriste fort
habile et bien achalandé; malheureusement, il
pratiquait aussi le braconnage. Surpris par un

garde, il le blessa d'un coup de fusil : de là,
son départ pour la Nouvelle-Calédonie avec
vingt ans de travaux forcés, comme viatique. Dès
qu'il fut mis en concession, sa femme vendit
sa maison et s'embarqua pour le rejoindre.
C'est chez Bernar... que les colons amateurs de
fleurs s'approvisionnent de boutures. Pas de
dîner un peu élégant qui ne soit égayé par ses
orchidées, pas de mariée dont il n'ait composé
le bouquet.

Bernar... a donc le droit de se dire un spé-
cialiste et, comme tel, mérite une mention
parmi ceux qui contribuent au bien-être de la
colonie.

Le transporté V..., marié au « couvent » de
Bourail, est aussi un novateur. Il a, sinon
introduit, du moins développé la culture de
l'orge, de l'avoine, du tabac et du lin. Sa tentative, qui plus tard sera sans nul doute
féconde, est digne d'encouragement.

Saur... est libéré ; il a épousé une fille de
concessionnaire, laquelle, par conséquent,
appartient déjà à la génération de l'avenir.

Cet homme possède un troupeau considérable. Il m'a fait visiter le « paddock » où sont enfermés ses chevaux dont plusieurs ont gagné des courses. Le cambrioleur de jadis a fait place au *handicaper* convaincu ; on ne saurait que le féliciter d'avoir aussi heureusement changé de sport.

Ce rival des Lagrange et des Delamarre a pour voisin un ancien héros de cour d'assises, le pharmacien Danval, qui n'est pas, malheureusement le seul délégué en Calédonie de la corporation des apothicaires [1]. Sa spécialité était de se marier et d'empoisonner ensuite sa femme avec de l'arsenic. J'ai constaté avec plaisir que ses antécédents ne l'ont point empêché de trouver en arrivant à Bourail une troisième madame Danval, une luronne celle-là. Son mari ne se frottera pas, je crois, à essayer de jouer avec elle les Barbe-Bleue. D'ailleurs,

---

1. Le dernier fut le célèbre Fenayrou. Il remplissait les fonctions de passeur de bac (ce qui devait lui rappeler la Seine aux environs de Chatou). Un beau jour, il s'est jeté à l'eau et s'est noyé.

quinze ou vingt ans de bagne ont bien de l'action sur le tempérament d'un pharmacien; aussi, Danval n'a-t-il d'autre désir désormais que d'employer à l'amélioration de ses terres les connaissances chimiques dont il faisait jadis un si fâcheux usage. Les essais d'engrais artificiels ne sont pas sans utilité dans un pays où la couche du terrain végétal est le plus souvent fort mince et assez pauvre.

Une physionomie bien curieuse est celle de cet homme aux cheveux blancs qui, le dos voûté, pioche péniblement un champ de haricots. Quel roman que le sien et suivi de quelle chute! Fonctionnaire d'un rang élevé, il se laissa aller un jour, emporté par la passion, à un acte de violence et le voilà vivant tout seul dans sa hutte, après avoir subi pendant des années la promiscuité du bagne. De jour en jour il s'affaiblit, et bientôt viendra le moment où on sera forcé de lui enlever ce coin de terre et de le réintégrer à l'île Nou, section des impotents. Je lui souhaite de mourir auparavant. Ce malheureux autant que misérable X. appartient à cette très petite minorité de condamnés qui ont dû leur envoi en concession plutôt à un sentiment de pitié qu'à leur valeur professionnelle au point de vue agricole.

Dans le même cas se trouve un ex-officier payeur. Son odyssée se devine : c'est la vulgaire histoire du caissier infidèle et faussaire. Il ne travaille pas beaucoup, mais on a bien fait, je crois, de l'isoler au fond de la petite vallée où il végète.

Ces deux exceptions sont les seules que j'aie vues dans ma course à travers champs, où j'ai constaté tant d'exemples d'initiative individuelle comme ceux que j'ai cités déjà et comme les trois suivants que j'aurais tort de passer sous silence.

Le premier est celui d'un concessionnaire G..., ancien distillateur ; ses économies passèrent à l'achat et à l'installation d'un alambic au moyen duquel il est arrivé à tirer de certaines écorces d'arbres et de certaines plantes des essences, des parfums et des liqueurs. Ses essais ont figuré à l'Exposition universelle et ont valu une médaille... à l'administration.

9

Le second est celui de B... Ce concessionnaire
est l'un de ceux qui, avec les frères Th..., dont
j'ai parlé, entreprirent la culture du blé. Si
je ne me trompe, c'est à lui qu'on doit le
premier pain qui ait été fabriqué avec de
la farine calédonienne. Il y eut même à
cette occasion une cérémonie. L'évêque se
trouvait à Bourail lorsque B... apporta son
pain pour être distribué à la grand'messe.
Non seulement le prélat l'accepta, mais il
monta en chaire et félicita le « Bouraillais »
de ce résultat, avant-coureur d'un grand
progrès.

Mon troisième exemple m'est fourni par un
vieux paysan du centre, ancien incendiaire,
demeuré, au milieu de toutes ses aventures,
fervent disciple de Parmentier. Il s'est lancé
à corps perdu dans la pomme de terre ; il
en a de toutes les espèces et c'est avec plaisir
que l'œil de l'Européen, fatigué de contempler les ignames canaques, se repose sur
les cinq hectares cultivés par le père Mun...
Depuis cette visite, les pommes de terre aus-

traliennes, qu'on me servait au cercle de Nouméa, me semblaient moins bonnes.

Ainsi donc, dans une chevauchée de quelques heures, j'ai pu me convaincre que les colons pénitentiaires de Bourail ont apporté en dot à leur terre d'exil : l'industrie de la mégisserie, la fabrication du tapioca, celle des parfums, essences, liqueurs, extraits de plantes du pays; la culture du tabac, du chanvre, du lin, de l'orge, du blé, des pommes de terre, des fleurs et des fruits d'Europe, etc.

Les mêmes causes produisent les mêmes effets; on le vit bien lors d'un concours agricole qu'on organisa en 1890 dans une localité dont j'ai cité le nom, la *Foa-Fonwary*. Le concours devait tout d'abord être uniquement péniten-tiaire, mais la colonie libre réclama le droit d'y prendre part. Entendre, c'est obéir, dit l'Oriental ; aussi s'empressa-t-on de mettre tout en œuvre, non plus pour constater les progrès réalisés par les concessionnaires, mais pour démontrer la supériorité de l'élément électeur et éligible sur l'élément *convict*.

On fréta des bateaux, on les pavoisa; gouverneur en tête, les élus, les notables et beaucoup de curieux s'embarquèrent pour aller
assister à ce tournoi pacifique entre nobles et
vilains. Trop de zèle! Jamais déconfiture ne
fut plus lamentable. L'élégant pavillon réservé
à la colonisation libre était à peu près vide;
en revanche, les hangars destinés à la colonisation pénale étaient bondés de produits variés
et remarquables. Il fallut bien se rendre à
l'évidence et accepter la « leçon de choses »
qu'on avait provoquée soi-même; elle prouvait,
par un argument sans réplique, que l'avenir
de la Nouvelle-Calédonie est intimement lié à
celui de la colonisation pénale.

Et nunc erudimini. Cela vaut la peine qu'on
y réfléchisse et que l'on consente à voir ce qui
crève les yeux, c'est-à-dire qu'on a fait fausse
route en assimilant une colonie pénitentiaire à
une colonie quelconque, peuplée d'émigrants
ordinaires; qu'on s'est trompé lourdement en
négligeant ou en combattant l'œuvre de la régénération des criminels.

C'est cependant grâce à elle, — on ne saurait trop le redire, — qu'en moins d'un demi-siècle on a fait de cinq ou six cabanes de pêcheurs perdus au fond d'un golfe la superbe capitale de Victoria, Melbourne, qui compte aujourd'hui quatre cent cinquante mille habitants. En employant une méthode analogue, ne pourrions-nous pas, nous aussi, de cette petite île qui figure sur les atlas soulignée d'un trait bleu ou rouge, créer, — toutes proportions gardées, — une seconde Australie?

Je pense avoir prouvé que nous possédons tous les éléments de succès; il ne nous manque, pour les mettre au point, qu'un peu d'énergie et la volonté d'accomplir quelques réformes. Et c'est pourquoi, lorsqu'on a vu les choses de près, on ne saurait s'empêcher d'enrager en pensant qu'il faudrait relativement peu de temps pour qu'une ville florissante prît la place de ce village très laid, mais admirablement situé, appelé Nouméa, dont les édifices publics sont des cabanes, et dont les maisons, couvertes de zinc, jetées comme au hasard, res-

semblent ainsi qu'on l'a dit, « à des boîtes à
vermouth » ; pour donner de la vie à son magnifique port ; pour voir s'élever des usines au
milieu des landes que parcourent, seuls, les
troupeaux sauvages...

Voilà qui serait fait pour procurer à notre
commerce d'immenses avantages, résultat assurément digne de tous les efforts. Mais l'épa-
nouissement de ce beau pays aurait une conséquence d'une portée bien plus haute encore : je
veux parler de notre influence politique et de
notre puissance militaire.

Actuellement, notre marine ne possède plus
en Océanie un seul port où elle puisse ravi-
tailler et réparer ses vaisseaux : une hélice
vient-elle à se fausser, une pièce de machine
à se briser, il faut avoir recours aux ateliers
anglais et aller prendre son tour pour entrer
dans un bassin australien.

Lorsque la rade de Nouméa, — assez grande
pour contenir plusieurs flottes et défendue
contre les tempêtes et contre l'ennemi par sa
double ceinture de récifs, — sera pourvue de

wharfs, de cales de radoub, et d'un arsenal, nous aurons dans le Pacifique un poste d'observation invulnérable et le point de repère le plus enviable.

Croyez-vous que les hommes à qui on devra cette transformation n'auront pas rendu plus de services à la République qu'en se mettant, pour obéir à je ne sais quel scrupule de faux libéralisme, à la remorque d'une poignée de politiciens d'exportation ?

Si je ne me trompe, le programme peut se résumer ainsi :

Comme règle générale, employer les forçats au profit exclusif de l'État ; les soumettre à une gradation raisonnée de sévères épreuves qui permette d'opérer, parmi eux, une sélection ; transformer en colons tous ceux qui auront donné des témoignages irrécusables d'amendement et qui satisferont à certaines conditions de capacité, d'âge, de vigueur physique ; leur faciliter les moyens de se constituer un foyer ; exercer avec le plus grand soin le droit de tutelle sur les nouvelles familles ;

instruire les enfants et leur apprendre un
métier.

En un mot, garder une puissante main-
d'œuvre en utilisant les mille transportés main-
tenus au bagne et, par un large développement
donné à la colonisation pénale, fournir au pays
des habitants qui lui manquent.

CHAPITRE VI

TROIS ANECDOTES VRAIES

La vertu en villégiature. — Le bagne et les prix Montyon. — Dévouements féminins. — Rédemption administrative.

Il n'est personne qui ne se soit, en flânant, arrêté rue de Provence, devant les vitrines ternes de ces magasins tous semblables entre eux, juxtaposés les uns aux autres, uniformément peints en noir, et portant pour enseigne ce seul mot tracé en lettres prétentieusement gothiques : « Curiosités ».

Si l'on appuie sur le bec de cane et que l'on pousse la porte, on entrevoit dans la pénombre une grosse dame habillée de velours ou de satin, constellée d'une exagération de bijoux et

9.

pourvue d'un de ces nez qui décèlent une race
habile à faire beaucoup de métiers sous une
même étiquette. L'aspect des lieux où règne
et s'agite cette divinité rebondie est fort déplai-
sant, presque macabre comme une morgue : et
c'est bien une sorte de morgue, en effet.

Au long des murailles pendent — semblables
aux femmes de Barbe-Bleue accrochées par
leurs chevelures — des choses vagues, tristes,
piteuses et falotes, tandis que le reste de la
pièce est encombré, à ne savoir comment s'y
mouvoir, par un extraordinaire amoncellement
d'objets disparates, non moins lamentables, et
dont la plupart furent, eux aussi, les témoins
mystérieux et muets d'une foule de tragédies
intimes ignorées.

Cependant, pour peu qu'on prenne la peine
de fouiller de l'œil et de la main dans ce pêle-
mêle de rubans fanés, de dentelles salies,
d'étoffes fripées, de falbalas flétris et de coli-
fichets avariés, on est émerveillé d'y découvrir
de charmants bibelots qui paraissent vous sourire avec une mélancolie étonnée.

Ce sont des éventails Watteau, derrière lesquels plus d'une jolie bouche a dû chuchoter de tendres paroles à l'oreille de plus d'un petit-maître; des miniatures, des pastels grands comme la main qui furent les gages de leurs insouciantes amourettes; des bonbonnières que de galants abbés masqués promenèrent avec eux dans les ruelles; de riches tabatières dans lesquelles puisèrent les gros doigts des turcarets et des traitants; de larges montres qui marquèrent les heures inoubliables de la Révolution; des turbans qui ornèrent les têtes folles des muscadines du Directoire; enfin, d'innombrables souvenirs de l'Empire, très demandés en ce moment... En vérité, on dirait que toutes les époques aient défilé, en y déposant leur tribut, dans ce capharnaüm où, dès sa prime jeunesse, la matrone a respiré les éclectiques microbes qui l'ont engraissée.

Lorsqu'ainsi on met à jour des œuvres d'art ou d'élégance qui étaient enfouies parmi les vulgarités et les hideurs, leur beauté en semble plus délicate et il se mêle je ne sais quel atten-

drissement d'un charme pénétrant au plaisir
qu'on a de les contempler.

Mais combien plus vive encore est l'impression causée par la rencontre imprévue d'un
noble sentiment émergeant tout à coup d'un
milieu moral plein d'infamies et de hontes !
C'est pourquoi le dévouement, l'abnégation,
l'amour désintéressé, la vertu ne rayonnent en
aucun endroit du monde avec autant d'éclat
qu'au bagne.

— La vertu au bagne, va-t-on me dire, vous
voulez rire !

Je ne ris point du tout et j'affirme l'y avoir
assez souvent coudoyée ; j'ajouterai même qu'elle
était, parfois, accompagnée de l'innocence dont
j'ai fort bien reconnu les traits, n'en déplaise
à ce respect de jour en jour plus profond que
je professe pour la justice officielle en simarre,
fourrée d'hermine et en toque galonnée d'or.

Oui, parmi les épaves jetées sans cesse sur
le rivage morne par de quotidiens naufrages
d'âmes et que la misère recueille pour les ras-
sembler dans cet autre capharnaüm, plus

terrible que celui dont je viens de parler,
qui s'appelle la Chiourme, on peut faire des
trouvailles infiniment précieuses, extrêmement
intéressantes.

En donner idée, ouvrir à propos du crime
une parenthèse sur la vertu, c'est, au cours
d'une visite dans un hôpital, regarder par la
fenêtre, respirer un peu d'air pur, reposer ses
yeux et son esprit par la vue du jardin aux
vertes pelouses égayées de corbeilles fleuries.

I

LA VEUVE VIDRAC

Les concerts donnés tous les dimanches,
mardis et jeudis, par la fanfare de la Transportation constituent la seule distraction que
l'on ait à Nouméa.

Outre qu'il a le mérite d'une incontestable
originalité, puisqu'il est uniquement composé
de voleurs et d'assassins, cet orchestre est

remarquable; on en maintient, d'ailleurs, avec soin, le niveau artistique, chaque *rallentando* intempestif se payant d'un jour de pain sec et la moindre fausse note ayant pour conséquence une ou deux nuits de prison, suivant la gravité des cas.

La foule des auditeurs est nombreuse autant que bigarrée : officiers et fonctionnaires, accompagnés de leurs femmes et de leurs filles, en claires toilettes, en chapeaux d'été; troupiers se dandinant par groupes, les bras ballants; matelots en permission de dix heures, marivaudant sur des bancs avec des « popinées[1] » aux cheveux crépus, aux longues robes flottantes découvrant avec orgueil des bottines à élastiques; Canaques un peu gênés par les vêtements qu'une chaste administration les oblige à porter, allant et venant en silence ou accroupis sur leurs talons.

Il était rare qu'on ne rencontrât pas, au moins une fois par semaine, autour du kiosque

1. Femmes canaques.

où les quarante instrumentistes en vareuse grise charmaient les oreilles nouméennes, le directeur d'une des Sociétés minières qui exploitent le nickel en Nouvelle-Calédonie ; M. Petit — pour ne pas l'appeler par son nom — ne se contente pas d'être un ingénieur du plus grand talent, c'est de plus un musicien fanatique et un homme de beaucoup d'esprit. Vous pensez si je regardais comme une bonne fortune l'occasion de causer avec lui et si je recherchais ce précieux régal !

C'est dans une de ces conversations-promenades qu'un soir, entre deux morceaux, il me parla de la veuve Vidrac.

— Vous devriez, me dit-il, rédiger une notice au sujet de cette brave femme, je l'enverrais à un académicien de mes amis, M. X... (un célèbre romancier), et peut-être la jugera-il digne d'intéresser la commission d'examen des prix de vertu. Faites venir mon héroïne qui complétera mes indications, et vite à la besogne. C'est dit, n'est-ce pas ?

— C'est dit, mais...

—Pas de mais; il me faut ma notice. Au revoir.

Je fis ce qui avait été convenu : j'interviewai
la protégée de M. Petit, et je questionnai tous
ceux qui pouvaient me renseigner utilement.
Malheureusement, les choses en restèrent là ;
M. Petit s'absenta et moi-même je quittai, avant
son retour, la Nouvelle-Calédonie.

Bref, — je m'en accuse, — je ne songeais
plus à cette affaire.

Cependant, j'ai gardé très vivement dans
ma mémoire la silhouette de notre candidate
hypothétique au prix Montyon.

Une vieille femme, grande, anguleuse, vêtue
d'une pauvre robe d'indienne à fond noir,
coiffée d'un large chapeau de paille sans rubans
qui abrite un visage hâlé, aux traits accen-
tués et énergiques; quelques mèches grises
s'échappant du classique foulard à carreaux,
noué à la bordelaise : un type bien accentué
de rude paysanne.

J'ai gardé aussi, — dans mon tiroir, — la
notice destinée à l'académicien. Je la transcris
telle quelle.

C'est l'histoire très simple et très véridique de la mère d'un forçat actuellement occupé à casser les pierres du gouvernement.

*
* *

Lorsque Antoine Vidrac, petit métayer des environs de Bordeaux, alla dans l'autre monde prendre place dans le compartiment réservé aux paresseux et aux ivrognes, on ne saurait dire que sa mort fut pour sa jeune femme un grand malheur et un chagrin, car il lui donnait plus de coups que d'argent ; mais il lui laissait comme souvenir de son passage sur cette terre deux fillettes et un garçon. Comment la vaillante créature réussit-elle à atteindre le moment où les trois enfants furent assez forts pour l'aider à piocher et à bêcher, je l'ignore et je crois sans peine que, suivant son expression. « on ne jetait pas le pain ».

Toujours est-il que la famille ne mourut pas de faim, que les deux filles devinrent des gaillardes solides à l'ouvrage, assez fraîches, trouvèrent à se marier et s'en allèrent.

La veuve Vidrac resta seule avec Francis, qui était alors âgé de dix-huit ans. Il ne lui donnait guère de contentement, ce garçon, qui semblait avoir hérité de tous les mauvais penchants de son père, agrémentés de quelques vices bien à lui : la lâcheté et la sournoiserie. Elle essaya, pour le ramener, tout ce que peut faire une pauvre femme ignorante des belles paroles, c'est-à-dire qu'elle redoubla de tendresse et s'ingénia à faire paraître au galopin la misère moins dure et la bicoque moins noire : quand il rentrait ivre, elle essuyait ses larmes avec le coin de son tablier et ne lui adressait aucun reproche. Francis n'en devenait pas moins un garnement détestable : maintenant, il menaçait de la battre toutes les fois que, n'ayant rien vendu au marché, elle ne pouvait pas lui donner d'argent pour aller boire avec des vagabonds.

Un matin, il parut, au bout de deux jours d'absence, vêtu de neuf des pieds à la tête.

— Miséricorde! où as-tu acheté ces habits,

et avec quel argent? interrogea-t-elle en joignant les mains.

— Si on vous le demande, répliqua insolemment Francis, vous direz que vous n'en savez rien !

Et il partit en sifflotant.

La malheureuse fut navrée. Bien sûr, son fils avait volé et on allait le conduire en prison.

Francis n'avait pas volé, mais c'était pis encore : son argent lui venait d'une « mauvaise femme », comme on dit au village, une meunière connue pour le dérèglement de ses mœurs.

Depuis longtemps la gueuse cherchait quelqu'un qui la débarrassât de son mari, et nul, parmi les chenapans du pays et des environs, ne lui parut plus idoine que Francis à exécuter pareille besogne. Elle n'eut pas de peine à attirer et à dominer ce très jeune homme au caractère faible et aux pires instincts. Ce fut la banale histoire si souvent résumée dans un fait divers : l'amant, blotti dans un coin de la maison, pieds nus et un couteau à la main;

la femme l'introduisant auprès du mari endormi, l'éclairant pendant qu'il frappe; puis,
le lendemain, tout le village, d'une voix una-
nime, désignant les deux coupables : et enfin
leur arrestation au milieu des huées et des
imprécations. Un crime stupide et bêtement
accompli.

Lorsqu'on attacha les menottes à Francis et
qu'il se mit en route entre deux gendarmes à
cheval, la veuve Vidrac poussa un cri déchirant, lui ne se retourna même pas.

Dès ce moment, toutes les forces de son être
se concentrèrent sur cette idée fixe : disputer
à l'échafaud la tête de son enfant.

Elle alla s'installer à Bordeaux, tout près
de la prison, car, bien qu'elle ne pût pénétrer
auprès de Francis, qui était au secret, c'était
quelque chose déjà de passer et repasser devant
la lourde porte et les petites fenêtres grillées
du triste édifice.

N'ayant aucune idée des rouages judiciaires,
elle sollicita beaucoup de gens qui n'avaient
que faire dans les procès criminels, fut bien

souvent repoussée par les domestiques ou par les maîtres, mais ne prit point garde aux rebuffades et continua ses démarches inutiles. Pourtant elle eut la chance d'intéresser à sa cause un bon avocat, qui consentit à plaider l'affaire.

Vint le jour de l'audience. En entrant, Francis aperçut sa mère et lui envoya un baiser. Elle lui pardonna tout, même son crime, pour ce geste de cabotin.

L'interrogatoire fut désastreux pour l'accusé; sa complice le chargea tant qu'elle put et très perfidement.

Le ministère public réclama un châtiment exemplaire qui eût été probablement prononcé si le défenseur, abandonnant la personnalité de son piètre client, n'eût éloquemment plaidé la cause de la malheureuse mère, dont il montra la vie suspendue à celle de son fils. Il réussit à émouvoir le jury, et Francis fut condamné aux travaux forcés à perpétuité.

En entendant prononcer cet arrêt, la veuve Vidrac éprouva une sensation qui ressemblait à de la joie, tant il est vrai qu'heur et malheur sont choses essentiellement relatives ici-bas. Et puis, l'avocat lui expliqua que si Francis se conduisait bien dans la colonie pénitentiaire où on allait l'envoyer, il pourrait obtenir une concession de terres; qu'elle-même aurait la faculté de venir l'y rejoindre. Si vague, si lointaine que fût cette perspective, elle montrait un but à atteindre et contenait un peu d'espoir, c'est-à-dire beaucoup de consolation.

Francis était enchanté, mais pour d'autres motifs : ses camarades lui avaient dépeint « la Nouvelle » comme un petit Eden spécialement créé pour l'agrément des assassins et des escarpes, un pays où on « se la coulait douce », surtout quand on avait en France des parents qui vous envoyaient un peu d'argent. Aussi le drôle se montra-t-il tout à fait gentil pour sa mère, jouant la comédie du repentir et de l'affection, promettant de réparer ses fautes par une attitude parfaite. Elle s'y laissa prendre une fois de plus et rentra dans sa ferme après avoir bien sangloté, mais avec la pensée qu'au bout de quelques années d'épreuves, elle irait finir ses jours auprès de son fils transformé et purifié par l'expiation.

Pendant ce temps, l'aimable Francis s'embarquait, à Saint-Martin-de-Ré, avec une centaine d'autres forçats. Sa désillusion commença lorsqu'on les fit descendre dans l'entrepont du navire et qu'on les introduisit, de la façon qu'on sait, leur paquetage sur le dos, dans une sorte de cage assez semblable à celle d'une ménagerie.

Placés chacun devant son hamac, les talons joints, la tête découverte, les mains dans le rang, ils écoutèrent la lecture du règlement disciplinaire, où il leur parut que les mots cachot, fers aux pieds, etc., revenaient très souvent.

Un jour blafard, venu des hublots, éclairait toutes ces figures glabres et ajoutait une expression sinistre à leur effarement d'animaux pris au piège. Un petit canon de douze, fort bien astiqué, était tourné de leur côté, le cou tendu, la bouche ouverte.

Trois mois passés dans la promiscuité de

cette cage flottante suffirent pour achever de
gangrener l'âme de Francis.

*
* *

Six années se passèrent. Par chaque courrier, la veuve Vidrac faisait écrire à son fils,
et parfois glissait un petit mandat sous l'enveloppe. Francis répondait de temps en temps
et témoignait les meilleurs sentiments, tendre
pour sa mère, respectueux pour ses chefs,
déplorant ses erreurs; cela ne pouvait que lui
être doublement utile, puisque la correspon-
dance des détenus est soigneusement examinée,
tant au départ qu'à l'arrivée. D'ailleurs, il était
assez discipliné, ayant très peur du revolver
du surveillant, et n'avait guère à son passif
que des punitions pour paresse.

Les fonctionnaires de l'administration pénitentiaire sont gens humains. Persuadés avec
raison que le meilleur remède qui puisse être
appliqué à un condamné est le retour aux affections de famille, ils ne pouvaient qu'être tou-
chés de la persévérance de la veuve Vidrac à

venir rejoindre son fils et de la tendresse ma-
nifestée par ce dernier. Ils se montrèrent
particulièrement indulgents à son égard et faci-
litèrent son « avancement en classe », condition
indispensable, nous l'avons vu, pour l'obtention d'une concession rurale.

Bref, le garde champêtre vint un jour chercher la veuve Vidrac de la part du maire. On
invitait ce magistrat à faire connaître sans retard
si elle était toujours dans l'intention de partir
pour la Nouvelle-Calédonie, cas auquel « la
susnommée devrait être rendue à Brest le...
et se présenter au commissariat de la marine,
où on lui délivrerait une réquisition de transport pour être embarquée sur la *Ville-de-Saint-
Nazaire*, navire affrété ».

Il est probable que l'employé chargé de
copier cette lettre ne se douta pas qu'il allait
mettre au cœur d'une pauvre créature humaine
plus de bonheur qu'il n'en faut pour lui faire
oublier en une seconde des années de malheur
inouï, de misère noire et d'affreuse solitude.

Bien avant le jour fixé, la veuve Vidrac avait

résilié son bail, vendu ses quelques meubles,
sa vache et ses poules, et se trouvait assise
dans un compartiment de troisième classe, les
pieds posés sur sa malle, qui contenait quelques hardes et trois cents francs en or. A Brest,
pour la première fois de son existence, elle
vit la mer, qui lui causa beaucoup d'étonnement et d'effroi.

On l'embarqua comme passagère de pont.
Toutes les personnes qui ont peu ou prou
navigué savent en quoi cela consiste : être
parqué à l'avant du navire, à côté des étables
et de la boucherie, c'est-à-dire se trouver aux
premières loges pour recevoir le soleil, le vent,
la pluie, les embruns; avoir les planches du
pont comme siège, comme table et comme lit.
Très pénible pour un homme, ce régime est
intolérable pour une femme; c'est celui des
émigrants, et je conçois qu'il ne les tente
point.

Tout alla bien jusqu'au cap de Bonne-Espé-
rance, mais en vue des *Aiguilles* ont fut assailli
par un fort coup de vent qui occasionna une

avarie si sérieuse que l'on dut relâcher pendant deux longues semaines.

Le quatre-vingt-douzième jour seulement, on aperçut une ligne grise qui barrait l'horizon et semblait un nuage au ras de l'eau.

— Dans trois heures, nous serons à Nouméa, annoncèrent les matelots.

Et, d'un bout à l'autre du navire commença ce joyeux remue-ménage qui précède les arrivées dans un port; tableau toujours le même, toujours intéressant.

Les passagers, subitement guéris du mal de mer, courent à leurs cabines, bouclent leurs valises, replient et attachent leurs chaises de bord, distribuent leurs pourboires; puis, le pardessus sur le bras, la sacoche en sautoir, l'ombrelle à la main, le casque blanc en tête, remontent bien vite sur le pont, consultent la carte marine piquée de petits drapeaux, regardent l'heure, interrogent les officiers sur le nombre de milles qu'il reste à parcourir, braquent leurs lorgnettes, descendent au salon, remontent, s'assoient, se lèvent, s'agitent sans motifs et parlent pour ne rien dire.

Pendant ce temps, du haut de la passerelle supérieure, le commandant donne des ordres qui sont transmis au moyen des sifflets de manœuvre ; les mousses et les novices grimpent dans les hunes et serrent les voiles, tandis que des groupes de matelots déroulent d'énormes cordages et apprêtent les pavillons de signaux.

Voici une goélette qui se dirige sur le navire ; sa grand' voile est marquée d'une ancre et d'un numéro : c'est le bateau-pilote ; on ralentit, on stoppe une minute, on jette une échelle de corde ; lestement le pilote saute sur le pont, gravit rapidement l'escalier de la passerelle, et on repart laissant la goélette se balancer sur les vagues.

La terre semble sortir de l'eau et grandit à vue d'œil : on distingue nettement les panaches d'écume blanche des lames déferlant sur la grève, puis apparaissent les maisons dont les toits scintillent. On n'avance plus que très lentement ; la machine ne donne que de rares

coups de piston, le navire glisse au milieu
d'un clapotis caressant ; les passagers immobiles
sont penchés sur les bastingages.

Le commandant crie d'une voix brève : « Au
poste de mouillage ! pare à mouiller ! babord,
toute ! » Le navire évolue sous un coup de barre
puis le commandant dit : « Mouillez ! » Un
bruit de chaîne qui se déroule rapidement,
quelque chose qui fait lourdement floc ! dans
la mer, l'hélice qui bat l'eau un instant et
s'arrête. On est arrivé.

Ces détails échappaient à la veuve Vidrac.
A partir du moment où l'on aperçut la côte calé-
donnienne, elle ne quitta pas la pointe extrême
de l'avant et resta immobile, attirée vers la
terre par une force qui lui donnait la sensation
qu'elle entraînait le navire. Au moment où on
rasa le phare Amédée où travaillent les forçats,
elle tourna instinctivement les yeux de leur
côté, puis elle se mit à regarder de nouveau
vers la ville. Quelqu'un dit derrière elle : « Voici
l'île Nou et le quartier cellulaire. »

Ces paroles lui serrèrent le cœur d'une

10.

étrange façon et la troublèrent à ce point qu'il
fallut qu'un matelot l'avertît, en la tirant doucement par sa manche, que le moment tant
désiré était venu.

Elle prit place dans un youyou monté par
des Canaques fort sales, qui, en quelques
coups d'avirons, la conduisirent à l'estacade
en bois de la flottille pénitentiaire.

L'escalier était glissant ; très obligeamment,
le surveillant militaire de service, qui se promenait sur l'appontement, s'approcha et lui
tendit la main pour l'aider à en gravir les
marches. Il avait une figure de brave homme,
ce surveillant, et l'air très doux en dépit de ses
grosses moustaches. Sans attendre d'être ques-
tionnée, la veuve Vidrac prit la parole :

— Monsieur, vous devez connaître Francis
Vidrac, qui est un de vos... ?

Le sous-officier fit un brusque mouvement
et regarda fixement la paysanne :

— Vous êtes la mère ? dit-il d'une voix grave.
Puis avec hésitation :

— Oui, je le connais...

— Il n'est pas malade, au moins?

— Non, je ne crois pas... du reste, si vous voulez être renseignée, entrez dans ce grand bâtiment que vous voyez là-bas; vous demanderez M. Raynal, chef de bureau.

— Merci, monsieur.

Comme elle s'en allait à pas pressés, le surveillant murmura en reprenant sa faction : « Bon sang de bon sang! »

— Monsieur Raynal, s'il vous plaît?

— Attendez un instant ici, répondit le planton, et asseyez-vous. M. Raynal est avec quelqu'un ; dès qu'il sera seul, je vous ferai entrer.

En effet, par la porte du bureau restée entr'ouverte, on entendait deux personnes causer.

— Ainsi, le directeur n'a rien reçu par le courrier en ce qui les concerne ?

— Rien du tout. Et je trouve que c'est bien dur de les laisser si longtemps dans de pareilles angoisses.

— Moi aussi. Tenez, il y en a un qui est condamné à mort depuis plus de quatre mois...

— Lequel?

— Vidrac.

Un cri étouffé et le bruit d'une chute inter-
rompirent la conversation. Les deux hommes
s'élancèrent et trouvèrent la femme Vidrac
étendue inanimée sur le plancher.

*
*   *

Lorsqu'elle témoigna qu'elle avait repris
connaissance d'elle-même en prononçant le
nom de son fils et en paraissant étonnée de se
voir dans un lit d'hôpital entouré de visages
inconnus, il y avait trois mois que sa robuste
nature luttait avec acharnement contre la fièvre
cérébrale et toute une suite de complications.
La convalescence commença, mais avec les
forces allait revenir la mémoire, et là était le
danger. Francis, heureusement, avait été grâcié:
la peine capitale à laquelle l'avait condamné
le tribunal pour meurtre sur la personne d'un
de ses codétenus était commuée en cinq ans
de double chaîne.

Le médecin pensa que la vue du misérable

serait le seul moyen efficace d'écarter le péril
qu'il redoutait pour sa malade et d'opérer une
réaction salutaire. Non sans peine, il obtint
qu'on amenât Francis à l'hôpital pendant quelques minutes.

C'est ainsi qu'au bout de dix ans la veuve
Vidrac retrouva son enfant.

Elle pleura sur lui toutes ses larmes endi-
guées depuis longtemps et, comme l'avait prévu
le docteur, une détente se produisit.

Moins de deux semaines après cette dernière
crise, elle était un beau matin dans la rue,
devant l'hôpital, avec deux pièces de cinq
francs dans sa poche, ne sachant où se diriger
et tout éblouie par le soleil éclatant.

J'ai dit que l'administration est miséricor-
dieuse envers les familles des condamnés. C'est
pourquoi, dès le lendemain, un peu avant
l'heure de la suspension du travail, une grande
femme maigre gravissait lentement, un panier
au bras, le petit chemin qui, du faubourg
Blanchot, aboutit à mi-côte du mont Coffin où

une escouade de forçats était occupée, sous la
garde de nombreux surveillants et de Canaques
armés de sagaies, à casser des pierres dans une
carrière.

Tous les jours, sauf le dimanche où les
condamnés restent au pénitencier, on la vit
arriver ainsi, comme je l'y ai vue moi-même,
plus ponctuelle que la grande horloge de la
caserne sur laquelle se règlent toutes les montres. Elle s'arrêtait à quelques pas du chantier et
posait à terre son panier recouvert d'un linge.

Aussitôt que la cloche avait tinté et que l'on
avait fait l'appel pour constater qu'aucune
évasion ne s'était produite, un des forçats
sortait du groupe, escorté d'un Canaque de la
police ; jeune, mince, très pâle, avec des cheveux
noirs, les traits assez réguliers, mais la démarche
molle, le regard louche, la physionomie *canaille*,
— type accompli de l'incorrigible.

Il s'approchait, traînant sa chaîne et portant
une gamelle vide. La mère se baissait, décou-
vrait son panier, en tirait une petite marmite
de fonte émaillée dont elle versait le contenu

fumant dans la gamelle. Le galérien paraissait suivre cette opération avec une attention pro- fonde. Sa mère lui disait quelques mots qu'il écoutait distraitement — tout préoccupé de ne pas renverser la précieuse gamelle, — lui donnait sur chaque joue un bon baiser qu'il ne rendait pas, et l'on se quittait.

La confection de ce plat quotidien représenta plus d'une fois pour la femme Vidrac, l'obli- gation de se mettre elle-même à la diète, sur- tout dans les commencements ; car, à Nouméa l'ouvrage est aussi rare que la vie est chère. Elle ne put, d'abord, trouver que par-ci par-là quelques raccommodages et des lessives ; mais bientôt, lorsqu'on vit qu'elle travaillait plus et mieux que les « popinées », ce fut à qui l'em- ploierait ; ses soirées mêmes furent prises par une guinguette où elle relavait les verres. De sorte que, entre six heures du matin et dix heures du soir, elle gagnait bien vingt- cinq sous ; ajoutez à cela qu'on la logeait gra- tuitement — sérieux avantage — dans une espèce de niche à chiens.

Ce qui m'a particulièrement frappé dans mes entretiens avec cette femme, c'est qu'elle ne se fait aucune illusion : elle sait fort bien que son fils *ne l'aime pas*, et que, désormais, aucun bon sentiment ne peut pénétrer dans son cœur.

Néanmoins, comme Francis tient énormément à sa bonne soupe de dix heures, il y a des chances pour que sa conduite soit relativement passable tant que *la vieille* sera exacte.

C'est pourquoi, bien que la veuve Vidrac se sente souvent très lasse, elle s'obstine à vivre ; et longtemps encore on la verra passer chaque matin dans la rue Montebello avec son large chapeau de paille, sa robe d'indienne et son panier.

II

UN MARIAGE

Quand on *piqua* trois heures et demie du matin à bord du *Magellan*, il largua ses amarres et sembla s'éveiller parmi ses compagnons, les navires de guerre à la fière mâture, qui dormaient dans le port de Brest. Il commença d'évoluer lentement et avec précaution, puis se dirigea résolument vers la haute mer. Quelques hommes et une dizaine de femmes, dont une religieuse, groupés à l'extrémité de la jetée, attendaient son passage, et au moment où il rasa le môle, agitèrent chapeaux et mouchoirs, en criant : « Bon voyage ! au revoir ! » Du bord, officiers et matelots répondirent chaleureusement à ces souhaits. Quant aux passagers, pauvres familles d'émigrants, ils restèrent silencieux, car ce n'était pas à eux que les vivats s'adressaient ; les misérables ne s'en vont point au bout du monde piocher la terre ou creuser la mine lorsqu'il leur reste un protecteur ou un ami.

Ils regardaient d'un œil morne cette côte de France que l'aurore d'une belle journée d'août rendait toute rose et qu'ils ne verraient probablement plus. Je me trompe cependant : de l'avant, où ils étaient parqués, la voix d'une femme jeta un adieu vibrant auquel un autre adieu fit écho.

Instinctivement, les émigrants se retournèrent et virent une jeune fille blonde, qui, penchée sur le bastingage, échangeait des gestes avec la religieuse, dont la brise faisait frissonner la cornette aux grandes ailes.

Le navire siffla deux ou trois fois : sa cheminée se couronna d'un épais panache de fumée ; il était en route et avait mis le cap sur Saint-Martin de Ré, où il allait prendre trois cents forçats pour les conduire à la Nouvelle-Calédonie.

Les personnes qui étaient venues saluer le *Magellan* restèrent pendant quelque temps à le suivre des yeux ; elles le virent diminuer rapidement, et lorsqu'il ne fut plus qu'un point sur l'horizon, chacun reprit le chemin de la ville.

Sœur Agnès s'en alla la dernière, pour cacher, sans doute, les grosses larmes qui ruisselaient sur son visage et dont elle avait peut-être honte comme d'une faiblesse trop humaine

Pourtant, elle avait bien motif de les verser ces larmes amères! car sur la liste des forçats que devait embarquer le transport, figurait Lucien Troncy, son frère.

Troisième fils d'un brave instituteur qui, joignant l'exemple à ses préceptes d'instruction civique, avait donné six enfants à sa femme, quatre garçons et deux filles, Lucien était celui qui avait le mieux réussi et sur lequel se fondait le plus d'espérances d'avenir puisque à trente ans à peine, il était chef de rayon dans un de ces grands magasins de Paris où les employés gagnent plus d'argent qu'un fonctionnaire d'un grade élevé dans une administration de l'État. Il se « faisait » près de neuf cents francs par mois; Dieu sait combien il faut d'années dans les Postes ou dans l'Enregistrement pour atteindre ce chiffre d'appointements! Le fils aîné était dans les douanes: le second, professeur dans un collège; et si Berthe ne s'était pas obstinée à refuser tous les partis pour entrer en religion, elle se fut, pour le moins aussi bien mariée que l'avait fait sa sœur, car c'était une agréable brune, dont le visage respirait l'enjouement, la franchise et la bonté.

Tout compte fait, M. et madame Troncy, modestes en leurs goûts, estimés de tous et le méritant, pouvaient passer pour des gens heureux. Leur secrète ambition était de s'en aller à Paris, avec Lucien, dès qu'il serait marié, afin d'assister de plus près à ses succès.

Précisément ce vœu allait se réaliser : Lucien, dans ses lettres, parlait beaucoup depuis un certain temps d'une jeune fille employée dans la même maison que lui : elle était aux robes et manteaux, lui à la soierie. Mademoiselle Madeleine Maspolle était orpheline, vivant avec une vieille tante qui lui léguerait une rente de deux mille cinq cents francs et on lui avait promis qu'au premier janvier ses appointements seraient porté à trois cents francs par mois, ce qui est fort joli pour une demoiselle de magasin de vingt-quatre ans.

Voilà pour les avantages matériels.

Quant aux qualités et aux agréments, les

énumérer, c'était, au dire de Lucien, épuiser
la liste des perfections : beaucoup de bonté,
autant d'esprit, et avec cela, tournure distin-
guée, taille ronde et souple, cheveux aux reflets
d'or, grands yeux bleus, limpides et profonds,
lèvres rouges, dents éblouissantes, teint mat,
nez florentin, mains de duchesse et pieds de
Cendrillon.

Renseignements pris, le portrait se trouva à
peu près exact, sauf que le nez était plus pari-
sien que florentin, et que la tournure était
plutôt celle d'une bourgeoise que d'une grande
dame ; il y avait peut-être aussi quelque réticence à faire quant à l'esprit, qui n'était guère
que du bon sens ; mais le cœur était admirable et l'honorabilité parfaite.

Sœur Agnès fut chargée d'aller chez la vieille
tante et en revint enchantée, presque aussi
enthousiaste que Lucien.

Une demande officielle de la part de M. et
madame Troncy suivit de près cette visite ; il
fut décidé qu'on attendrait, pour le mariage,
l'époque des vacances et que le jeune ménage

irait passer sa lune de miel en Belgique, où les Troncy avaient des parents.

Lucien n'avait donc plus qu'à laisser aller les choses et attendre le moment heureux qui le rendrait légitime propriétaire d'une jolie personne dont l'âme charmante s'était déjà donnée à lui tout entière.

Comment comprendre que, touchant ainsi du doigt un tel bonheur il se soit précipité tout à coup, sans motif, stupidement, dans l'abîme le plus effroyable où un homme puisse rouler. Je ne me charge pas de l'expliquer, n'étant point psychologue, mais je le constate parce que j'ai été témoin de ce que je raconte. Donc, cette chose invraisemblable, inouïe arriva, que Lucien ayant joué et perdu une somme relativement forte, ne l'ayant pas, affolé, pénétra chez un de ses amis et força son tiroir, ni plus ni moins qu'un vulgaire cambrioleur. Surpris par la femme de ménage, il saisit le premier objet qui lui tomba sous la main, un flambeau, l'en frappa et s'enfuit. Dénoncé, arrêté, il ne put nier la préméditation du vol, qu'aggravait singulièrement la tentative de meurtre.

L'instruction fut courte et l'affaire mise au rôle des prochaines assises ; rien ne pouvait le soustraire désormais à une condamnation à jamais flétrissante.

Si, il y avait un moyen : la mort ! et M. Troncy alla le lui offrir; mais Lucien refusa d'accepter le petit flacon libérateur.

— Lâche ! misérable lâche ! murmura le père.

Et il sortit du parloir, tête basse.

Il retourna chez lui, dans son école ; mais ce fut pour demander sa retraite et prendre sous le bras madame Troncy, comme lui vieillie de dix ans, afin d'aller se cacher tous les deux dans quelque coin ignoré.

Dans son hôpital, la sœur Agnès redoubla de zèle, à ce point que le médecin en chef lui dit plus d'une fois avec un geste d'amicale menace :

— Prenez garde ! Si vous vous fatiguez de la sorte, nous nous brouillerons.

＊ ＊
＊

J'ai souvent, dans mon existence de voyageur, fait cette remarque, à savoir que les
impressions ne sont nulle part aussi fugaces
qu'à bord d'un navire.

Dès qu'on n'aperçoit plus la terre, il semble
qu'un lien irrésistible se rompe; à l'instant, on
reprend la pleine possession de son *moi*.

C'est ce qu'éprouvèrent les émigrants du
Magellan, au bout de trois ou quatre heures
de navigation. La mélancolie instinctive et su-
perficielle qui s'était emparée d'eux disparut en
même temps que l'objet qui la causait; les
hommes allumèrent leurs pipes, tandis que les
femmes essayaient de s'installer le moins mal
possible sur le pont, s'observaient, et surtout
observaient la jeune passagère à l'air « comme
il faut » qui se tenait à l'écart et qui, tout à
l'heure, avait échangé un adieu si déchirant
avec une religieuse.

Les commères flairèrent un mystère, qui eut
tôt fait de délier leurs langues, lesquelles lan-

gues se livrèrent à de véritables débauches de
suppositions saugrenues et malveillantes, jusqu'à décider que la jeune fille devait être une
Anglaise qui allait épouser un photographe ;
une Anglaise, cela se comprenait jusqu'à un
certain point, puisque l'étrangère était blonde ;
mais pourquoi un photographe ? On ne le
saura jamais, et les commères moins que personne.

Dès le premier « quart », la curiosité ne fut pas
moins vive du côté des jeunes officiers, mais
elle était moins sotte, sinon plus discrète.

On opina que c'était la femme d'un forçat,
qui allait rejoindre son mari placé en concession ; jolie, cela se voyait ; facile, cela était
probable.

M. l'enseigne Le Danec n'émit, d'ailleurs,
cette conjecture qu'avec une certaine hésitation.
Cela fait honneur à sa perspicacité. Car Madeleine Mospolle n'était encore que la fiancée
d'un forçat et jamais fille plus modeste et plus
pure ne prit place sur le gaillard d'avant du
transport le *Magellan*.

11.

Absorbée dans ses pensées, elle ne se doutait guère qu'elle était le point de mire d'une semblable malignité.

Il fallut bien, néanmoins, le lendemain, qu'elle s'aperçut — nouveau supplice — que les regards indiscrets, parfois malveillants, suivaient tous ses mouvements.

On arriva devant Saint-Martin de Ré.

Aussitôt commença l'embarquement des galériens. Si ce spectacle déjà vu maintes fois laissait indifférents les matelots, en revanche, il excita au plus haut point l'intérêt des passagers.

A chaque forçat qui montait, c'étaient, parmi les émigrants, des réflexions, des remarques, parfois des plaisanteries plus ou moins grossières. Madeleine aussi regardait — et avec quelle attention passionnée — défiler ces figures glabres, sinistres pour la plupart, et ravagées par tous les vices.

Du premier coup d'œil, elle reconnut Lucien qui, pour toute autre, eut été méconnaissable.

— Voilà un particulier qui devait bien

« marquer » en jaquette, dit près d'elle un
gros homme qui, lui, « marquait » fort mal.

Madeleine n'entendit pas; elle s'était affaissée
tout doucement derrière un gros paquet de
cordages.

Le voyage ne présenta pas d'incidents notables. On essuya quelques coups de vent; mais
le *Magellan* tenait bien la mer, il avait une
superbe voilure, une puissante machine et ne
craignait pas plus les énormes lames de l'Océan
Indien que les cyclones du Pacifique, ainsi
nommé, sans doute, par antiphrase.

Pendant ces trois mois, Madeleine n'entrevit
pas une seule fois Lucien; mais elle fut moins
malheureuse que dans les premiers jours,
grâce au commandant qui, s'étant aperçu des
allées et venues de messieurs les enseignes et
aspirants, résolut d'y couper court. Et, pour
cela, il prit le seul moyen qui convînt à un
chef comme lui, s'adressant à des officiers
comme les siens : il alla un soir dans le carré
et leur conta tout bonnement l'histoire de la
pauvre fille.

Dès lors, une franche et généreuse sympathie
l'entoura comme d'une atmosphère protectrice;
si bien que les émigrants, eux-mêmes, senti-
rent, sans savoir pourquoi, s'envoler toutes
leurs méfiances. Des lambeaux de conversation
saisis par les matelots, répétés, commentés,
laissèrent deviner une partie de la vérité; en
sorte que peu à peu, avec cette versatilité des
foules grandes ou petites, une sorte de légende
se forma qui fit de Madeleine une héroïne en
chair et en os que l'on considérait avec une
respectueuse admiration. Le navire était à
peine mouillé entre l'île Nou et l'îlot Brun,
que les habitants de Nouméa parlaient déjà
sous leurs toits en zinc du drame d'amour dont
le *Magellan* leur amenait les deux protago-
nistes.

Le sieur B..., patron du grand hôtel Sébastopol où Madeleine descendit, fit preuve, en
cette circonstance, d'un flair commercial tout à
fait remarquable.

Contrairement aux traditions invétérées de

sa maison, cet estimable gargotier fit à Madeleine un accueil dont la cordialité n'eût pas été désavouée par le plus montagnard des Écossais. Il lui offrit spontanément la place de lingère qu'un hasard heureux venait, disait-il, de laisser vacante.

— Acceptez, mon enfant, ajouta-t-il avec cordialité, c'est peu de chose, mais c'est offert de bon cœur.

Puis, se retournant en clignant de l'œil vers sa femme, une grosse personne mal peignée, aux traits vulgaires ;

— Pas vrai, Eulalie, que ce serait un crime de ne pas aider une belle jeune fille comme cela qui est dans le chagrin ?

Eulalie qui ne comprenait pas, mais était habituée à obéir, baragouina un acquiescement.

— Eh bien ! c'est dit ; on va vous conduire à votre chambre, car il est tard, et vous devez avoir besoin de repos. Demain, ma femme vous installera. Quant aux appointements, on s'entendra toujours.

Madeleine remercia avec l'effusion d'une

reconnaissance sincère ces braves gens chez qui
le sort, paraissant plus clément, avait bien
voulu la conduire, et ce fut le cœur plus léger
qu'elle pénétra dans la petite chambre du premier étage dont un Canaque poussa la porte
devant elle.

Cette chambre était d'une propreté douteuse
et fort sommairement meublée ; mais elle avait
cet avantage inappréciable d'avoir vue sur la
rade.

Madeleine ouvrit la fenêtre et s'y accouda.
La nuit, tombée tout à coup comme un rideau
de manœuvre dans un théâtre[1], était noire
déjà ; l'île Nou se confondait avec les nuages
qui barraient l'horizon. Mais voilà que du
fond d'un de ses replis de nombreuses lumières
apparurent, dessinant une petite ville étagée
en gradins et baignée par la mer.

On eût dit Reggio regardant Messine.

C'était le Pénitencier-dépôt qui allumait ses
fanaux : le poste militaire, la maison du com-

1. On sait que le crépuscule n'existe pas dans les pays
tropicaux.

mandant, le camp, les magasins, les vastes
ateliers, les logements de fonctionnaires, les
deux casernes de surveillants, le quartier de
correction, et, dominant le tout, la vaste
prison cellulaire.

A la pointe extrême de la baie, une petite
maison, faiblement éclairée : c'était la lépro-
serie, où une douzaine de forçats, condamnés
à mort pour de bon par l'implacable maladie,
achèvent dans d'incessantes tortures leur existence misérable.

Madeleine contemplait l'ensemble de ce tableau qui est fort gracieux.

Comme hypnotisée par ces points brillants,
dont l'un marquait peut-être la case où Lucien
venait d'être enfermé, elle resta longtemps en
contemplation, profondément pensive, sans
entendre les chansons mélancoliques des matelots de la *Vire* et du *Loyalty*, ni les hurle·
ments bachiques des libérés qui peuplaient les
débits, ni la cacophonie atroce des innombrables
pianos, ni les aboiements des chiens errants qui
se répondaient d'un faubourg à l'autre.

Qu'elle était loin de tout cela ! Dans son rêve, elle obtenait la grâce de Lucien, elle l'épousait ; puis, ils s'en allaient en Amérique où il y a toujours place pour qui veut travailler...

Un coup de canon, suivit d'un long cri strident et sauvage chassa brusquement le songe consolant où s'engourdissaient ses douleurs.

Ce coup de canon voulait dire : il est dix heures, les Canaques n'ont plus le droit de circuler dans les rues.

Et le cri strident signifiait : Maîtres détestés, nous vous entendons !

Elle se sentit étrangement bouleversée par ce brutal colloque entre le vainqueur et le vaincu, et soudain tous ces bruits discordants emplissaient la ville frappèrent ses oreilles et lui firent l'effet d'un concert diabolique. Elle ferma sa fenêtre et alluma sa bougie : aussitôt, une armée de moustiques irrités et méchants se précipita en bourdonnant sur son visage et sur son cou, tandis que d'innocentes éphémères accourant silencieusement vers la flamme, s'y brûlaient leurs ailes transparentes et tombaient mortes.

Madeleine eut alors la vision très nette, non plus de celui dont elle venait d'évoquer l'image, beau garçon à la moustache relevée, l'air mâle et décidé, mais de celui sur lequel ses yeux étaient un instant tombés, il y a trois mois, le forçat au visage rasé, à la démarche lasse, à l'air inquiet; il lui semblait l'apercevoir couché dans son hamac et mordant la manche de sa vareuse afin d'étouffer des sanglots qui eussent excité la risée de ses immondes compagnons.

Cependant, le patron de l'hôtel expliquait à sa moitié que nombre de clients braveraient certainement son exécrable cuisine pour regarder, par la porte entre-bâillée du bureau, la personne en ce moment la plus célèbre de Nouméa.

Je suppose que cette nuit-là plus d'une fille de colon ou d'employé sourit, dans son sommeil, au contrôleur des contributions en train d'accomplir, pour obtenir sa main, les plus romanesques équipées.

Le lendemain matin, Madeleine se présenta
à l'hôtel — palais serait excessif — de M. le
gouverneur, afin de solliciter une audience,
mais il lui fut répondu que M. le gouverneur
était à la chasse ; on la conduisit chez le secrétaire, un petit homme entre deux âges, mais
plus près du second, gracieux comme un vieux
bureaucrate atteint de gastralgie.

— Les affaires des bagnards ne me regardent
pas ; allez au parquet, répondit-il brutalement,
en se grattant les ongles avec un canif.

La jeune fille se retira défaillante d'humilia-
tion.

C'était la première station du Calvaire.

Au parquet, un jeune substitut la reçut poliment, et après avoir écouté l'objet de sa
requête, lui déclara que cela ne le regardait
pas non plus, qu'il fallait s'adresser à l'administration pénitentiaire ; puis, il ajouta, d'un
air galant, certaines choses qui effrayèrent plus
encore Madeleine que la grossièreté de M. La-

verdun, le secrétaire du gouverneur. La justice est redoutable quand elle frappe, plus redoutable parfois quand elle minaude !

S'attendant désormais à ce qu'il y avait de pis, elle fut presque surprise d'être accueillie sans rudesse ni impertinence par le fonctionnaire chargé de la police du bagne. Le résultat, néanmoins, n'était guère plus encourageant.

Ici, on lui opposait le règlement.

— Lucien Troncy, n° 22.435, arrivé par le *Magellan*, parfaitement, nous avons ça; provisoirement, à l'île Nou; qu'en fera-t-on? je n'en sais rien : ira travailler aux mines ou sur un chantier de route; s'il se conduit bien, pourra dans une dizaine d'années, être mis en concession, et alors seulement se marier, pas avant; le contraire ne s'est jamais vu... Je n'ai pas le droit de vous autoriser à communiquer avec lui... Regrette beaucoup... Voyez le directeur... Salut, mademoiselle.

Ainsi, tout s'écroulait ! Le sacrifice était inutile, on ne lui permettait pas même de voir Lucien, de lui faire dire : « Je suis là; j'ai

franchi cinq mille lieues pour venir te consoler
et t'apporter un peu de courage ! »

Et Lucien, maudit par son père, se croyant
renié par celle qu'il aimait, s'abandonnerait
lui-même et bientôt n'aurait pas seulement
que l'habit infâme du forçat.

Voir le directeur, avait conseillé le chef de
bureau, à quoi bon ? N'était-ce pas s'exposer à
entendre encore des paroles cruelles ou insul-
tantes ?

Mieux valait, certes, en finir tout de suite ;
la mer n'était pas loin, on la voyait au bout
de la rue qui étincelait.

Mais sa conscience protesta contre le découragement et lui fit comprendre bien vite qu'elle
n'avait pas le *droit* de renoncer à son amour,
tant qu'elle n'aurait pas joué et perdu la dernière carte.

Est-il donc un vaillant, celui qui, accablé par
le nombre, se rend, pouvant encore combattre ?

Elle n'hésita plus et s'en fut chez le directeur.

Ce fonctionnaire se trouvait être un homme

du monde, à l'esprit libéral et ouvert, — ces choses-là se voient quelquefois.

Connaissant par le commandant du navire, l'aventure de Madeleine Maspolle, il l'interrompit aux premiers mots :

— Je sais, mademoiselle, ce que vous venez me demander. Vous avez la permission d'aller tous les dimanches à l'île Nou. Quant au mariage que vous projetez, rien dans la loi ne le défend, mais je voudrais vous protéger contre la généreuse exaltation de votre enthousiasme. Je vous impose trois mois de réflexion et suis sûr en le faisant de bien agir.

— Ni dans trois mois, ni dans trois ans, monsieur, je ne reprendrai ma parole et mon cœur à l'infortuné auquel je les ai donnés.

Le directeur s'inclina.

— Voici votre autorisation, dit-il en tendant un papier à la jeune fille, et je souhaite que vous ne regrettiez jamais cette résolution.

Point ne fut besoin au propriétaire de l'*hôtel Sébastopol* d'interroger Madeleine pour lire sur son visage qu'elle avait réussi.

La faveur accordée eut les honneurs de la discussion pendant le dîner de la table d'hôte.

— Cette histoire-là, c'est du Balzac tout pur! conclut M. Jonblin, professeur au collège colonial, en résumant par ce mot l'opinion de la majorité des convives.

*
* *

Le dimanche suivant, bien avant l'heure fixée, Madeleine Maspolle était déjà sur l'estacade le long de laquelle le « canot-major » de l'île Nou attendait ses voyageurs. Une douzaine de forçats, assis sur les bancs d'avirons, faisaient le gros dos sous les premiers rayons du soleil, silencieux comme des gens qui, vivant continuellement ensemble, ne trouvent plus un mot à se dire ; des Canaques de la police, habillés d'une sorte d'uniforme en toile blanche, relevé de galons de laine rouge [1], faisaient

1. C'est tout ce qui reste de l'expédition du trop fameux marquis de Rays. L'administration a acheté ces uniformes abandonnés par un des navires qu'avait affrétés cet aventurier.

chauffer en plein air leur café, tandis que
d'autres, assis à l'écart, se rasaient mutuelle-
ment la barbe au moyen d'un morceau de
verre cassé ou se frottaient la tête avec de la
chaux vive, dans un but à la fois d'élégance
et de préservation.

Enfin, un surveilllant descendit dans l'embarcation et prit place à la barre ; deux médecins coloniaux, quatre ou cinq femmes d'employés portant des paquets se hâtèrent vers
l'escalier.

Madeleine embarqua la dernière.

— Avant partout !

Les condamnés se penchèrent sur leurs avirons et le canot-major glissa sans une oscilla-
tion sur l'eau toujours limpide d'une des plus
merveilleuses rades qui soient au monde.

En vingt minutes, on fut devant le quai de
l'île Nou.

Madeleine exhiba son permis.

On la conduisit vers un bâtiment adossé à
l'immense mur d'enceinte qui entoure « le
camp ».

Sur la porte par où on la fit entrer étaient inscrits en lettres rouges et noires, agrémentées d'ornements de mauvais goûts, les mots : *Prétoire disciplinaire.*

C'est là que, toutes les semaines, le commandant, le surveillant principal et un agent civil font comparaître, devant l'estrade où ils siègent, les condamnés coupables d'infractions aux règlements ; ils leur distribuent libéralement des nuits de prison, des jours de cellule, compliqués de pain sec. Le tribunal n'a d'autres meubles que la table et les trois chaises des juges. Sur les murs blancs, des consignes, des extraits du règlement, collés sur des cartons, sont accrochés en manière de tableaux.

Le gardien offrit à la visiteuse une des trois chaises en lui disant :

— Je vais chercher le transporté Troncy. Asseyez-vous, mademoiselle ; ce ne sera pas long.

Madeleine resta seule, attendant son fiancé, comme il y a quelques mois. Dans cinq minutes, il serait près d'elle, autorisé à lui faire sa cour.

Sa cour! Quelle affreuse dérision !

Et elle se remémora son petit appartement de la rue de Sèvres, sa cheminée garnie de peluche, ornée de vases toujours fleuris, sa table chargée de bibelots, sa jolie lampe à colonne égayée par un coquet abat-jour, sa broderie à laquelle elle ne travaillait guère et qu'elle posait bien vite quand elle entendait un pas rapide grimper les cinq étages. Voilà le joyeux coup de sonnette, courons ouvrir. .

.   .   .   .

.   .   .   .

Lucien était sur le seuil où il demeurait immobile, son grossier chapeau de paille à la main, blême, les yeux fichés en terre. Sur sa poitrine, son numéro matricule tout neuf : 22.435.

Madeleine frissonna de la tête aux pieds, secouée par une épouvantable sensation.

— Entrez-vous, oui ou non ? dit le gardien d'une voix dure.

La jeune fille s'élança, — comme jadis — vers la porte et embrassa son fiancé.

C'est ainsi que ces amants, depuis longtemps séparés, furent remis en présence et purent reprendre leur propos d'amour.

*
* *

La femme possède, chacun le sait, le génie de la charité. S'agit-il de panser une plaie morale ou physique, l'homme le plus sensible et le plus adroit n'est, comparé à elle, qu'un brutal et un lourdaud.

Madeleine eût suffi à en donner la preuve dans ces entrevues du dimanche où, petite bourgeoise d'un esprit, je l'ai dit assez ordinaire, elle déploya des trésors de tendre et persuasive éloquence, d'admirables et miséricordieuses pensées exprimées dans le plus doux des langages.

Lucien ne tarda pas à ressentir le charme bienfaisant et réconfortant de ce délicat dévouement : souvent même, du fond de ses prunelles, jaillissait une petite lueur encore bien vacillante et qui les éclairait comme d'un fugitif sourire.

Par contre, il semblait qu'à mesure que le malade renaissait à la vie, Madeleine perdait de ses forces : ses joues se creusaient, son profil s'émaciait et ses yeux étaient cernés d'un cercle de bistre. Certes, elle était toujours aussi affectueuse, mais dans ses gestes, dans son attitude, dans le son de sa voix, il y avait un je ne sais quoi qui trahissait la gêne intérieure, qui dénonçait l'effort et, à parler franc, le manque de conviction.

Pour peu que vous, qui me faites l'honneur de me lire, soyez philosophe, vous avez déjà compris la cause de cette évolution inéluctable, car vous n'ignorez point que l'amour s'étiole bien vite dans l'isolement. Loin du cœur, quand loin des yeux, dit le proverbe populaire ; traduisez : lorsque les amants, poussés par les circonstances dans des milieux différents n'ont plus ni les mêmes habitudes, ni le même entourage, il se forme entre eux comme une zone neutre qui va chaque jour s'élargissant et finit par les rendre presque étrangers l'un à l'autre.

Ici, c'était bien pis qu'une différence de milieux et comment le travail de désagrégation dont je viens de parler n'aurait-il pas fait son œuvre chez Madeleine Maspolle? Il lui était maintenant difficile de retrouver son Lucien dans le condamné qu'elle voyait tous les dimanches, dans cet homme qui se faisait devant elle si petit, si humble, si implorant. Trop de pitié ne va pas sans quelque alliage de mépris.

Quant à lui, Madeleine lui était précieuse comme une protectrice et sa vanité — il en avait encore — était flattée au plus haut point par le sacrifice dont il était l'objet.

Je n'ai point caché que ce garçon avait l'étoffe d'un piètre personnage.

Ils en étaient là, quand il arriva ceci à l'hôtel Sébastopol.

On sortait de table. La jeune lingère, dans l'arrière-bureau, causait comme d'habitude, lorsqu'elle se sentit enlacée par deux bras vigoureux et qu'elle reçut, avant d'avoir eu le temps d'appeler ni de se débattre, plusieurs baisers violents.

A ses cris, on accourut et le galant audacieux, un employé d'administration qui, depuis
quelque temps, lui adressait de brûlantes décla-
rations, lâcha prise. Elle s'enfuit dans sa
chambre, tandis qu'une vive altercation s'éle-
vait dans le bureau ; on eut beaucoup de peine
à la faire consentir, le lendemain, à venir
reprendre sa place, et pour l'y décider, on lui
apprit que son insulteur avait été gratifié par
M. V.., ingénieur de la Compagnie du Nickel,
d'une boutonnière fort bien faite.

Cet ingénieur était un jeune homme très
doux, aimable et gai. — Il ne tournait presque
jamais les yeux du côté de Madeleine, sans
quoi il eût fini, sans être fat, par s'apercevoir
qu'il avait inspiré à celle dont il s'était fait
le champion une reconnaissance bien profonde.

La mélancolie de mademoiselle Maspolle
augmenta beaucoup depuis cette aventure.

Aussi, le directeur fut-il très frappé de l'alté-
ration de ses traits, lorsque, les trois mois écoulés, elle revint lui rappeler sa promesse.

— Ce serait vraiment inhumain, pensa-t-il,

12.

de faire languir plus longtemps cette pauvre
fille.

Il ne fit plus d'objection.

Pour la seconde fois, depuis un an, la date
du mariage fut fixée.

*
* *

J'ai obtenu le privilège d'assister, dans la
chapelle de l'hôpital de l'île Nou, à cette
cérémonie, et elle m'a laissé un ineffaçable
souvenir.

Le public était nombreux et select dans son
genre, puisque, sauf trois sœurs de Saint-
Joseph de Cluny et votre serviteur, il se compo-
sait exclusivement de forçats convalescents.
J'aurais grand besoin d'une plume taillée par
Callot pour rendre l'impression extraordinaire,
pitoyable, terrifiante et bouffonne que produi-
sait cette assemblée de figures pâlotes et
sinistres, vaguement nimbées par un vieux
vitrail où le jaune dominait, et émergeant
étrangement de longues houppelandes où

semblaient flotter et se perdre des corps hypothétiques.

Le maître-autel était paré pour la circonstance, et on avait disposé au bas des marches
deux prie-Dieu et quelques fauteuils.

Tout à coup, un mouvement, — ce mouvement qui veut dire : les voilà! — se fit dans
la foule macabre, l'harmonium poussif joua
quelque chose qui voulait être une marche :
c'était la *noce* qui arrivait.

Les mariés, suivis de leurs témoins, quatre
surveillants militaires, désignés d'office, mar-
chaient côte à côte; lui, le n° 22.435, avec son
costume de bagnard, paraissait satisfait; elle,
en robe sombre, le visage encadré d'une petite
capote, et si pâle, si pâle, qu'on eût dit la
personnification du désespoir.

Le prêtre, qui les guettait, sortit en même
temps de la sacristie, précédé de ses deux
« enfants de chœur », portant des cierges,
deux forçats, anciens ecclésiastiques, blafards
et gras : cet excellent Père Jeannin, auquel sa
haute taille, sa maigreur, sa longue barbe, ses

épais sourcils sous un front dégarni, donnent un faux air de prophète, portait une chasuble verte beaucoup trop courte qui contrastait bizarrement avec son apparence biblique.

Il récita les prières liturgiques auxquelles les enfants de chœur répondaient fort congrûment; l'anneau fut passé au doigt de l'épouse, puis la messe commença.

Pendant toute sa durée, la mariée resta agenouillée, la tête dans ses mains, abîmée dans une prière infinie ; le marié demeura debout, immobile.

Lorsque le dernier évangile fut dit, les deux témoins de droite firent un signe à leur client qui ramassa son chapeau, traversa la chapelle et disparut avec eux ; les deux témoins de gauche se retournèrent vers les *fidèles* en disant :

— A vos cases !

Ceux-ci gagnèrent prestement la porte en se bousculant, comme un troupeau qu'on pousse devant soi.

Madeleine était toujours à genoux.

Les trois religieuses quittèrent leur banc et s'approchèrent d'elle.

A mon tour, je me levai et partis.

*
* *

Quelques mois plus tard, rencontrant le patron de l'hôtel Sébastopol, je ne pus me défendre de l'arrêter pour causer de Madeleine Troncy.

— Ah! monsieur, une perle, une vraie perle, que cette jeune femme ! De la conduite, du travail, et tout... Quand je dis jeune femme, c'est plutôt jeune fille que je devrais dire; car, ajouta-t-il avec un sourire fin, elle n'est pas près, de ce train-là, de devenir grand'-mère.

— Alors son mari n'est pas gracié?

— Pas encore. D'ailleurs, il est bien peu probable que la pauvre petite aille jusqu'à ce moment-là. Elle se mine, cette enfant, comme le répète souvent ma femme ; elle se mine positivement. Cela fait peine à voir. Nous

aurons, je vous assure, bien du mal à la
remplacer.

III

M. FRAGONEL, FONCTIONNAIRE

Je m'étais installé à Nouméa, non pas dans
l'hôtel Sébastopol, tenu par M. B..., dont je
vous ai parlé tout à l'heure, mais dans celui
de « Ma Cousine », situé au centre des affaires (?)
et à proximité de la station de fiacres, car il
y a là-bas des fiacres découverts à quatre places,
des fiacres confortables, soit dit à la honte de
l'*Urbaine*, de la *Société générale des petites
voitures* et de leurs odieux strapontins estivaux.

Cet hôtel doit son nom assez singulier à la
non moins singulière habitude qu'a prise
madame X..., la propriétaire, d'appeler tous
ses clients « mon cousin » et de les tutoyer.
Cette brave et d'ailleurs très honorable personne
est une sorte de Bruant femelle et exotique

dont l'excentricité amuse les nouveaux dé-
barqués et pousse à la location.

Les menus de « Ma Cousine » sont d'ailleurs
abondants et bien exécutés par un cuisinier,
ancien forçat, qui a tout à fait oublié les
procédés à l'aide desquels, jadis il empoisonna
sa femme.

Fort intéressant, le spectacle que présentait
la table d'hôte et surtout, au moment de
l'absinthe, l'estaminet attenant à l'établissement.
Parmi les convives et les consommateurs placides, combien peu étaient en réalité les bons
bourgeois qu'ils paraissaient être ! Que de
romans, de drames, d'aventures extraordinaires,
cachés sous des airs quelconques et prudho-
mesques !

Il n'y a pas, en effet, de créoles calédoniens ;
nous en sommes encore à la génération im-
migrée. Les gens ont l'accent berrichon, nor-
mand ou marseillais, et l'on ne peut pas s'empêcher de faire cette réflexion, grosse de points
d'interrogation : Pourquoi diable ce gaillard-là
se promène-t-il sous les palmiers au lieu de se

promener devant la maison de Jacques Cœur,
ou à Trouville, ou sur la Canebière? Le pourquoi donne un peu à réfléchir.

Je me confinais donc dans une prudente
méfiance et j'évitais avec soin d'ébaucher la
plus banale relation. A cette règle pleine de
sagesse je fis cependant une exception. Le
hasard m'avait donné comme voisin de table
et aussi comme voisin de chambre un petit
vieillard propret, ponctuel, poli, dont la physionomie douce, nuancée de mélancolie, et les
manières simples, me plurent de primesaut. Ma
sympathie s'accrut quand j'appris qu'il était
fonctionnaire, caissier dans une administration
de l'État, et que ses chefs prisaient beaucoup sa
probité.

M. Fragonel — ainsi s'appelait le caissier
modèle — mangeait peu, parlait moins, ne
buvait que de l'eau. Son café pris, il se levait
et disparaissait aussitôt. Il montrait peu d'empressement, quoique toujours courtois, à répondre à mes avances : un salut et un sourire,
quand nous nous croisions dans l'escalier, à cela

se bornaient ses manifestations envers moi. Je
regrettais cet excès de timidité, car, placé
comme je l'étais dans un milieu très spécial,
il m'eût été agréable de pouvoir de temps en
temps causer sans réticence : l'homme est un
animal sociable, et c'est une des choses qui le
distinguent des autres carnivores. Et puis, ce
brave fonctionnaire devait être une mine aussi
précieuse qu'inexploitée de renseignements et
d'anecdotes. Je résolus donc de le conquérir.

C'est pourquoi, profitant d'une rencontre sur
le palier commun, je le pris, un soir, familière-
ment par le bras.

— Faites-moi le plaisir d'entrer chez moi,
mon cher monsieur Fragonel ; j'ai là de bons
cigares rapportés de Sydney, et je prétends que
vous en goûtiez un, car je sais que vous êtes
amateur.

Le caissier eut un imperceptible mouvement
de résistance ; mais comment refuser sans m'of-
fenser gratuitement ?

— Volontiers, monsieur, dit-il d'un air gêné
en franchissant mon seuil.

Sans paraître remarquer son peu d'enthousiasme, je lui fis aussi cordialement que je le
pus les honneurs de mon logis. Mais, plus je
m'évertuais à le mettre à son aise, plus il
accentuait sa réserve : je ne parvenais à tirer
de lui que des répliques brèves et contraintes.

— Cet homme-là, pensai-je, n'est pas un
timide : c'est un misanthrope doublé d'un
hypocondriaque ; c'est un hérisson qui se met
en boule dès qu'on l'approche.

Je regrettais mes frais d'amabilité et ne savais
plus que lui dire. Au hasard, je lui posai cette
question :

— Comment se fait-il que vous ne soyez pas
encore décoré ?

Le bonhomme ouvrit des yeux fous, pâlit
extrêmement :

— Décoré, moi ! Fragonel décoré... ah ! ah ! ah !

Il se mit à rire d'un rire strident, convulsif,
douloureux.

Je le considérai avec stupeur. Il répétait :

— Décoré, ce serait drôle ! pour services
exceptionnels, n'est-ce pas ? très drôle !

Tout à coup, il cacha son visage dans ses mains et des sanglots secouèrent sa mince poitrine.

J'étais de plus en plus abasourdi.

Au bout de quelques minutes, il se calma, s'essuya les yeux et, se levant, prononça ces mots, non moins étonnants que son rire et que ses larmes :

— Vous ne me connaissez donc pas, monsieur ?

— Mais si, je vous connais, cher monsieur, vos chefs m'ont dit beaucoup de bien de vous et moi-même...

— Ils ne vous ont dit que cela, mes chefs ?

— Pas autre chose, et je pense que c'est suffisant.

— Non, ce n'est pas assez, car il ne faut pas que je vous vole votre estime.

— Qu'entendez-vous par là ?

— Que je suis un ancien...

— Vous ?

— Hélas !

Le caissier inclina la tête, semblant attendre d'être chassé. Je lui tendis la main.

— Racontez-moi tout, monsieur Fragonel ;
cela vous soulagera et vous avez le devoir de
justifier la poignée de main que je viens de vous
donner.

Au bout d'une heure de conversation ou
plutôt de confession, j'avais enrichi d'une
biographie qui n'est pas sans valeur mon
dossier de documents humains.

*
* *

Henri-Constant Fragonel, fils de négociants
honorables de la rue Saint-Honoré, était, en
1863 un joli garçon de trente ans. Les gri-
settes du quartier lui souriaient de leurs lèvres
fraîches, et aussi, parfois, les clientes. Mais, en
dépit de ses moustaches fauves, le jeune homme
n'était rien moins qu'un Lovelace il avait gardé
de son éducation trop étroitement pieuse un
effroi quelque peu ridicule pour les charmes
dangereux des femmes. Ses camarades l'en
raillaient sans cesse et l'avaient surnommé « le
rosier du premier arrondissement ». Il prenait

ces plaisanteries du bon côté et continuait à
rester pur comme un lys poussé dans l'as-
phalte. Cette vertu aurait probablement bravé
toutes les attaques si l'on n'eût employé traî-
treusement la ruse : elle resta au fond du dernier verre de champagne versé, dans un souper
par une Cydalise de bas étage. En pareil cas, les
natures naïves n'y vont point par quatre chemins ; elles se donnent en aveugles. Le pauvre
Fragonel crut, comme on dit, que c'était arrivé et
se prit à aimer d'un amour profond une créature
indigne même d'un caprice passager. Étant épris,
il fut jaloux. La demoiselle n'était pas habituée à
cela ; elle en fut d'abord flattée, mais bien vite
ennuyée, car elle ne comprenait la fidélité que
comme une convention théâtrale destinée, dans
les drames, à faire pleurer des concierges. Elle
congédia son amoureux trop exigeant et, le
soir même, passait insoucieuse au bras d'un
autre devant la boutique de Fragonel. Le
malheureux Henri l'aperçut, saisit un couteau,
bondit hors du magasin et lui plongea son
arme entre les deux épaules. La femme tomba ;

il resta là, hébété, hagard, et se laissa mener au poste sans comprendre.

Comme la victime était peu intéressante et le mobile du crime presque incompréhensible, les jurés, dans leur mansuétude, ne lui donnèrent que vingt ans de travaux forcés.

Fragonel bénéficia de cette double circonstance à savoir qu'il était un condamné *primaire* (on nomme ainsi ceux qui n'ont pas de casier judiciaire) et un passionnel — espèce toujours sympathique aux gens de robe. C'est pourquoi on le gratifia de la faveur relative d'être dirigé sur la « Nouvelle » au lieu d'être emballé à destination de Cayenne.

Le départ eut lieu dans les conditions que j'ai décrites et qui furent une série de tortures pour le malheureux Henri et pour sa pauvre famille. Interminable parut à cet infortuné le supplice du voyage avec les horreurs de sa promiscuité et son atroce ennui de ménagerie. Il ne prit fin qu'au bout de cinq mois.

Avec quarante ou cinquante autres condamnés, il fut mené dans une longue case plus semblable à une étable qu'à une maison, dont l'ameublement consistait en une traverse de bois placée à un mètre cinquante de chaque mur et destinée à tendre les hamacs. Comme plancher, la terre battue, comme toiture du zinc, comme fenêtres des *hottes* grillées : une porte massive munie d'énormes verroux ferme le cottage.

Aussitôt après l'immatriculation, tous les hommes ayant exercé en France des métiers, serruriers, ébénistes, forgerons, etc., furent, ainsi que je l'ai expliqué, répartis dans les ateliers. Fragonel, qui ne savait rien faire de ses dix doigts, fut placé dans la catégorie des manœuvres, rouleurs de brouette, casseurs de pierre ; il eut donc pour compagnons tout ce qu'il y a de pis et de plus pourri, les voleurs, les rôdeurs de barrière, les chevaliers de l'accroche-cœur, qui n'ont jamais travaillé et sont allés au crime par besoin de fainéantise.

Ce classement parmi les gredins de pareille sorte constituait une aggravation dans le châtiment : car il y a des degrés, même dans la profondeur de la boue ; le pauvre diable y était plongé jusqu'au tuf.

*
* *

Fragonel recevait tous les deux mois des lettres de ses parents, lettres d'affection, de bons conseils, d'encouragement : « Nous faisons des démarches, nous espérons ; Dieu ne voudra pas que nous quittions ce monde sans t'avoir revu. »

Malgré les affres de l'exil infamant, malgré les cinq mille lieues qui le séparaient des siens, il demeurait en communion constante avec eux, grâce à cette divine messagère des âmes, la pensée, qui se rit de l'immensité des Océans aussi bien que de l'épaisseur des voûtes de cachots.

Les semaines succédaient aux semaines, affermissant, au lieu de la détruire, son énergie morale — le rapprochant chacune un peu, croyait-il, de la réunion si passionnément demandée au ciel avec des supplications de vieilles mains tremblantes levées vers lui...

Mais un courrier vint qui n'apportait qu'une lettre du père : « Ta pauvre mère est gravement malade, mandait-il ; prie pour elle. »

Le courrier suivant n'apporta rien.

Et alors Henri comprit que sa mère était déjà morte quand son père lui écrivait et que celui-ci n'avait pu survivre.

Ce fut un terrible coup pour le malheureux forçat. Il faillit succomber à l'excès de sa douleur, mais la jeunesse fut la plus forte.

Comme il avait gardé un fond de piété et de mysticisme, son courage ne l'abandonna point et redoubla plutôt car il songeait que les chers disparus le voyaient et pouvaient encore souffrir par lui ou être consolés. Ce sentiment le soutint d'une façon presque miraculeuse : seul de tous les forçats du bagne calédonien, il n'encourut jamais une heure de punition. On le citait sans cesse dans les rapports officiels comme un témoignage vivant de l'efficacité des nouvelles méthodes. Le gouverneur sollicita instamment du ministre la remise totale des quatre années de peine qui restaient à subir.

Fragonel fut mis en liberté sans conditions.

Il n'eut pas un instant la pensée d'en profiter pour retourner en France. Qu'aurait-il été
y faire ? Dire à d'anciens amis, à des parents :
« C'est moi, Henri Fragonel, vous savez bien,
celui qui a été condamné il y a seize ans aux
travaux forcés ? »

Mieux valait ne point s'exposer à d'inutiles
et douloureuses humiliations.

C'est pourquoi il chercha un emploi dans le
pays. Les Maristes acceptèrent ses services et
lui confièrent la gérance d'une de leurs pro-
priétés où ils recueillent discrètement une
certaine catégorie d'anciens forçats ayant plus
ou moins passé par le cloître ou par l'église.
Cette station, située à deux cent cinquante kilomètres de Nouméa, dans une vallée très retirée,
était l'endroit du monde le mieux choisi pour un
homme aspirant à la tranquillité et à l'oubli.

Mais le gouverneur, qui tenait à exhiber son
phénomène moral, son fort en thème de la
régénération par le bagne, son produit-type de
la médication rationnelle appliquée aux âmes

perverties, n'entendait pas qu'il lui échappât.
Précisément, la loi sur la réhabilitation venait
d'être promulguée; Fragonel était tout désigné
pour l'étrenner devant le tribunal supérieur
de Nouméa : la cause fut instruite et passa
comme une lettre à la poste. En l'espace d'une
audience, le meurtrier, le galérien, le libéré
redevint un citoyen comme vous et moi,
électeur et éligible.

De là à en faire un fonctionnaire, il n'y
avait qu'un pas. Quel exemple pour la population pénale et combien moderne et fin de
siècle !

On alla chercher le pauvre homme dans sa
Thébaïde, où il se trouvait si bien, et on l'in-
tronisa avec quelque solennité devant un
pupitre, dans une petite salle tapissée de cartons verts.

Après avoir fait partie de l'administration
par en bas, il allait en faire partie par en haut;
le contraire s'est vu souvent, mais cette chose
jamais n'avait eu lieu. Les camarades du
nouveau commis lui firent grise mine, ce qui

était assez naturel, et commencèrent par le
mettre à l'index ; son attitude résignée fit peu à
peu cesser les rebuffades. On ne se préoccupa
bientôt plus des circonstances qui avait entouré
l'entrée tardive de Fragonel dans la carrière.
Employé à la comptabilité, il devint par sa
douceur et son zèle, le favori du caissier, qui,
peu à peu, prit l'habitude de se reposer entièrement sur lui.

Au bout de dix ans, on lui donna de l'avancement, et cet avancement eut l'approbation
générale.

Il était maintenant, sans conteste, *Monsieur*
Fragonel, un des hommes les plus estimés de
la ville. Si la fantaisie lui eût pris de quitter
ses fonctions, dix négociants pour un lui eussent fait des offres très avantageuses.

Mais il s'était attaché à ses registres, à son
train-train de bon bureaucrate. Ses appointements lui suffisaient largement ; même il en
économisait plus d'un tiers, ce qui lui permettait de glisser dans la main des libérés qui
venaient toucher leur pécule, souvent bien léger,

une grosse pièce de cinq francs et, suivant le cas, une pièce d'or.

*
* *

Peu de jours après la conversation où mon voisin m'avait fait sa douloureuse confession, je quittai le chef-lieu pour aller visiter l'intérieur de l'île et y chercher des documents humains. Quand je retournai à Nouméa pour y prendre le paquebot et m'en retourner en France, la « cousine » me montra un long convoi funèbre qui descendait la rue de l'Alma : c'était celui du pauvre sous-caissier. On l'avait trouvé le matin même dans son lit endormi pour toujours, le visage calme et les bras croisés sur la poitrine. Je me hâtai d'aller me joindre à la foule qui l'accompagnait au cimetière. Lorsque les prières furent dites, un monsieur en cravate blanche prononça un discours au nom de l'administration ; il vanta, suivant la formule, les qualités du fonctionnaire, les vertus de l'homme privé, le bon cœur de l'ami.

La cérémonie était terminée et l'assistance se retira. Comme je me retournais une dernière fois en m'en allant à mon tour, je vis les deux forçats-fossoyeurs appuyés sur leurs bêches au bord de la tombe; l'un d'eux me parut dire quelques mots; puis, tirant de sa vareuse une gerbe de fleurs — volées sans doute — il les y jeta.

CHAPITRE VII

LA PRESQU'ILE DUCOS

Souvenirs de la déportation dans une enceinte fortifiée. — La
cabane de mademoiselle Louise Michel. — La « case de Rochefort. » — Une belle évasion. — État actuel. — La cour des
Miracles. — Les libérés. — Le campement des Arabes. — Un
descendant des Montmorency. — L'adjudant Chatelain.

Le voyageur qui sort de Nouméa par la route
de Bourail, laisse à sa gauche, après avoir longé
la mer pendant trois kilomètres, une longue
arête montagneuse qui s'avance dans la rade,
et dont la forme rappelle vaguement une queue
de lézard ; la pointe en est dirigée vers l'extrémité est de l'île Nou, et forme avec celle-ci un
étroit canal symétrique à celui qui donne accès
par la passe ouest aux grands paquebots et
aux navires de guerre.

Ce promontoire est la presqu'île Ducos, triste,
pelée, couleur de paillasson usé, avec, de ci
de là, des taches rouges et foncées qui témoi-
gnent de tentatives agricoles, méritoires autant
qu'infructueuses. Sur le point le plus élevé un
bâtiment quelconque qui est une caserne; puis
disséminées dans la brousse, un certain
nombre de masures — en ruines pour la plupart — et qui sont ou deviendront, ainsi que
je le dirai tout à l'heure, des manières de
monuments historiques auxquels il manquera
toujours, le monologue d'un guide récitant devant un public de touristes attentifs et convaincus. Elles s'écrouleront, ces pauvres masures,
les ouragans et les cyclones en disperseront
les débris sans que personne soit venu leur
dérober la moindre pierre pour en faire des
presse-papiers, ni les orner d'initiales gravées
avec la pointe d'un canif. Les choses lointaines
subissent la fatalité de l'exil, qui est l'oubli !

Une note gaie, pourtant, se détache de cet
ensemble maussade : c'est une petite plage
plantée de cocotiers et de flamboyants derrière

lesquels se cachent à demi, coquettes et enga-
geantes, des maisons blanches à volets verts,
évocatrices de promenades dominicales, de restaurants à fritures renommées, à « bosquets
de société », à jeux de boules pour les hommes
à balançoires pour les dames, à bals cham-
pêtres pour les deux sexes.

Mais dans ce diable de pays où l'on se
heurte continuellement aux plus invraisemblables contrastes, aux plus extravagantes
antithèses, on ne se fie jamais aux apparences.
Aussi, apprend-on sans trop de surprise que la
petite plage avec ses villas si gentiment blotties
dans les frondaisons — cadre exquis pour
d'innocentes joies familiales — est tout simplement le centre du pénitencier avec son
groupe sympathique de prisons et de geôles
variées. Celles-ci sont, d'ailleurs d'un genre
particulier et leur clientèle est très différente
de celle avec qui nous venons de lier connaissance au bagne et dans les établissements de
la Relégation.

Notre excursion en Nouvelle-Calédonie ne

serait donc pas complète si nous ne pénétrions
pas par la barrière rigoureusement gardée et
si nous ne parcourions les trois vallées que le
massif de la presqu'île recèle en ses flancs :
Numbo, M'Bi, Tendu.

*
* * *

Quand la loi du 15 mars 1872 affecta le territoire de Ducos à la « Déportation dans une
enceinte fortifiée », on choisit la vallée du
Numbo pour y interner les principaux condamnés de l'insurrection communaliste, tandis
que celle de M'Bi était réservée aux troupes et
qu'on parquait dans celle de Tendu les déportés arabes qui y étaient encore il y a deux
ans.

A Numbo, chacun eut sa *case*. De ces cases,
il en est deux qui n'ont été occupées par personne depuis le départ de leurs hôtes, — est-ce
par respect, je ne sais. — Toujours est-il que ce
respect n'a pas été jusqu'à la dépense nécessaire à leur entretien, car, je le disais tout à

l'heure, elles paraissent plus vieilles, après
vingt-cinq ans, que les Thermes d'Hadrien ou
de Julien l'Apostat.

Dans l'une, résida mademoiselle Louise
Michel, la Jeanne d'Arc sans cheval, de l'a-
narchie : elle y rêva de peuples pleurant d'atten-
drissement fraternel dans leurs gilets respectifs
et internationaux, ce dont je suis loin de la
blâmer, en principe, car je sais des femmes
— honnestes, s'entend — qui rêvent d'accolades
moins utopiques. Pour tout dire, elle fit mieux
que de rêver, elle soigna les malades et essuya
des larmes, rivalisant de charité avec les religieuses de l'hôpital, ses bonnes amies, m'a-t-on
assuré.

L'autre fut la demeure de M. Rochefort, et
c'est là qu'il conçut son plan d'évasion, spirituel comme un de ses meilleurs articles. C'est
de là que, par une nuit bien noire, il sortit
avec mille précautions afin d'aller rejoindre, à
l'endroit convenu, MM. Pain, Humbert, etc...

Le trois-mâts anglais, *P. C. E.* était sur rade,
masse sombre, immobile et muette. Les fugitifs

entrèrent dans l'eau jusqu'à mi-corps et, le
cœur battant, attendirent... Ce qu'ils attendaient, ce n'était pas quelqu'un, c'était quelque
chose, qui bientôt leur apparut à peine distinct
de l'ombre, s'avançant lentement, venant de la
rade porté par le courant ; ce quelque chose,
c'était le salut sous la forme d'un canot qui
par hasard, mal amarré sans doute, avait quitté
le *P. C. E.* et qui, par un autre hasard, contenait un gouvernail et des avirons. Les proscrits
se mirent à la nage et allèrent au-devant de
lui : un nuage protecteur avait épaissi les ténè-
bres et la brise s'éleva, couvrant d'un bruit de
clapotis les mouvements des nageurs. Ceux-ci
s'accrochèrent à l'embarcation, y montèrent et,
à coups d'avirons discrets, se dirigèrent vers le
P. C. E. L'amarre du youyou y pendait encore,
et du bastingage d'arrière, tombait une échelle
de cordes. Après avoir rattaché le youyou, ils
gravirent l'échelle, puis l'enlevèrent. Tout le
monde dormait à bord, même l'officier de
quart, même la vigie ; rien ne bougea ; on eut
dit un vaisseau enchanté. Ces messieurs enjam-

bent des corps de matelots plongés dans un profond sommeil — oh combien on avait dû travailler dans la journée — descendirent dans la cale dont l'accès était libre et se dissimulèrent derrière des ballots de marchandises qui semblaient disposés tout exprès et avec art pour servir de cachettes excellentes. Comme le navire devait partir à minuit, la ronde de police accosta un peu avant cette heure afin de passer l'inspection réglementaire. Le capitaine, réveillé en sursaut et qui avait tout à fait oublié qu'il partait, répondit en se frottant les yeux, en bâillant, qu'il n'avait rien à signaler et se prêta avec empressement à toutes les investigations.

Un matelot, muni d'un fanal, promena la police dans toutes les parties du navire et jusque dans la cale où la cargaison était arrimée avec le plus grand soin ; on déplaça quelques sacs, puis on remonta. La police étant satisfaite, le capitaine offrit un verre de rhum au brigadier qui trinqua en souhaitant bonne traversée, puis après échange de *shake*

hands et de *good bye*, regagna son embarcation
et, de là, son lit.

Aussitôt l'équipage se trouva sur pied, hissa
l'ancre sans bruit, largua toutes les voiles et
en route. Un quart d'heure après, le *P. C. E.*
était sorti de la rade et, poussé par un joli
vent arrière, se dirigeait de toute sa vitesse
sur l'entrée des récifs qui forment la limite
des eaux françaises.

Pendant ce temps, un surveillant s'apercevait
que la case de M. Rochefort était vide, vide
aussi celle de M. Pain, vides les autres : il
donne l'alerte, on bat la générale, les officiers
se précipitent, les soldats sautent sur leurs
fusils et on se met à courir, affolés, de tous
côtés. On pensa d'abord que les déportés
s'étaient enfuis par l'isthme qui relie la presqu'île à la grande terre, mais la barrière était
intacte, sans vestiges d'escalade. C'est alors
que quelqu'un, jetant les yeux sur la rade —
il commençait à faire jour — remarqua que
le *P. C. E.* avait disparu. Ce fut un trait de
lumière. On s'élance vers la plage, on trouve

des traces de pas; plus de doute! mais, que faire? le gouverneur, M. de la Richerie, était en tournée avec l'aviso stationnaire; il y avait bien en rade un vapeur; malheureusement ses feux étaient éteints. Quand le steamer partit le *P. C. E.*, qui avait plusieurs heures d'avance, était depuis longtemps dans les eaux neutres et on ne l'aperçut même pas; et quand le gouverneur, averti par télégramme, revint avec son aviso, il y avait beau temps que M. Rochefort avait été reçu triomphalement par le parlement de Sydney.

Nos ministres d'alors étaient des provinciaux — fait qui s'est reproduit depuis — et prirent la chose au tragique. Ils chargèrent l'amiral Ribourt de faire une enquête sur place. Cet amiral Ribourt, véritable sanglier de la réaction, fonça avec une fureur sauvage sur la cohorte éperdue des fonctionnaires calédoniens et en fit — moralement — un massacre effroyable. Point n'est besoin de dire que l'excellent M. de la Richerie, qui n'en pouvait mais, fut sa première victime.

C'était aussi maladroit qu'injuste ; car en même temps qu'on privait de leur place beaucoup de braves gens, on se montrait mauvais joueurs, on prouvait *urbi* et *orbi* qu'on manquait « d'estomac »... et surtout d'esprit.

Mais revenons à nos moutons, c'est-à-dire à l'état actuel des choses.

* * *

Depuis l'amnistie de 1880, la presqu'île Ducos fut rendue au service de la Transportation : celui-ci en a fait le lieu d'internement des libérés des travaux forcés condamnés à l'emprisonnement, — catégorie de gredins tout à fait remarquables, dont la spécialité semble être de mettre en action, à leur manière, les proverbes : « qui peut le plus peut le moins » et « qui a bu boira. »

De ces individus, rien à espérer ni à tenter au point de vue du relèvement moral. C'est le rebut du bagne. Ils donnent beaucoup de fil à retordre à l'administration, beaucoup moins armée contre eux que contre les forçats. Très fiers de leur dignité de libérés, ils attachent au double privilège de porter la barbe et d'être vêtus de bleu le même prix que les Catalans à leurs fueros.

Le régime de ces prisonniers est doux et diffère de celui des forçats sur plusieurs points essentiels : le travail imposé est moins pénible, car il consiste uniquement dans l'entretien des bâtiments appartenant à l'État, dans celui des routes de la presqu'île, dans la culture de quelques hectares ; il est rétribué, et chaque journée de huit heures va grossir la « masse » que le détenu touchera à l'expiration de sa peine ; enfin les punitions disciplinaires sont à l'eau de rose, puisqu'elles ne dépassent, en aucun cas, trente jours de cellule.

Cette existence au grand air, cette vie en commun, ce labeur modéré constituant plutôt un exercice hygiénique qu'une fatigue, paraîtraient enviables aux pensionnaires de Poissy qui fabriquent dans le silence de l'atelier des boutons et des chaussons.

Cependant, les nombreux juristes — anciens notaires pour la plupart — qui fourmillent dans les prisons de Ducos se plaignent amèrement d'être privés d'une Maison Centrale qui, suivant eux, leur est due. Rigides champions de la légalité, ils ne se préoccupent pas de savoir, fi donc! s'ils y seraient mieux ou plus mal, et volontiers ils admettent cette seconde hypothèse, mais le Code veut qu'on les y enferme : *dura lex, sed lex*. Qu'a-t-on à répondre à une semblable logique? rien du tout et c'est pourquoi on jette au panier leurs dissertations. Néanmoins, s'il leur arrive de s'écarter des règles d'une courtoise controverse sur un point de droit, on les fourre en cellule afin de les rapprocher de leur idéal — et ils réclament encore. Vraiment, l'homme est de tous les animaux le plus difficile à contenter.

* * *

Un bien étrange village est assurément celui qui s'étend dans un des replis verdoyants de la vallée de M'Bi. Figurez-vous une succession de huttes entourées de jardinets que clôturent des haies fleuries de lentanas ; elles sont correctement alignées des deux côtés d'un gentil chemin rural tapissé d'herbe, conduisant à un carrefour au centre duquel s'élève une sorte de kiosque de forme ronde. Cet ensemble constitue l'établissement national des Invalides... du bagne.

Pour le visiter au moment psychologique, il faut aller se placer vers cinq heures de l'après-midi près du kiosque. Là, des prisonniers surveillés par un gardien sont occupés à disposer sur des tablettes des portions de pain, viande, légumes secs, lard, etc. Lorsque tout est préparé, l'un des prisonniers décroche une grande trompe de berger et, deux ou trois fois, souffle dedans de toutes ses forces.

A ce signal, répercuté par l'écho, toutes les portes des cabanes s'ouvrent à la fois, et le long du chemin se développe et s'avance en clopinant une fantastique théorie d'êtres courbés ou bancals, appuyés sur des bâtons ou s'aidant de béquilles, vêtus de costumes inouïs

dans leur excentricité loqueteuse, coiffés de
casquettes déchirées, de foulards graisseux, de
feutres invraisemblables, de bérets indescrip-
tibles; casquettes, foulards, feutres et bérets
surmontant des figures ratatinées ou bouffies,
affreusement ravagées, grimaçantes et lamentables.

Ce troupeau à peine humain, cauchemar
vivant, se range en bon ordre dans le carrefour.

On fait l'appel; successivement, chaque
« invalide », après avoir répondu : « Présent! »
d'une voix éraillée, sort des rangs en tenant
d'une main son couvre-chef et en tendant, de
l'autre, un récipient plus ou moins bizarre
dans lequel on place la provende quotidienne;
puis il s'en retourne chez lui pour faire cuire
son dîner dans de vieilles touques en fer-blanc
qui serviront de casseroles et sur de grosses
pierres qui tiendront lieu de chenets.

J'ai interviewé quelques-uns de ces débris.
Ils ne sont pas du tout reconnaissants de la
pitié charitable qu'on leur témoigne, car ils se
regardent sérieusement comme des retraités,

créanciers du budget. J'ai retenu cette réponse :

— Monsieur, j'ai été pendant quarante-cinq ans *au service de l'Administration.*

N'est-ce pas le comble de l'euphémisme?

Certainement. Et, pourtant, si on y réfléchit, le mot est plus comique dans la forme que dans le fond. Il synthétise, en effet, d'une façon naïve et pittoresque, ce régime monstrueux qui se dénomme très improprement libération.

Je dis : improprement, car la grammaire exige qu'un « libéré » soit un individu qui a fini sa peine, payé sa dette et reçu quitus.

Quand on lit dans le journal : « Jean Hiroux a été condamné à tant d'années de bagne pour avoir la nuit, avec effraction, dévalisé une salle à manger à Bougival, » on est porté à conclure que ce morceau d'existence arraché à Jean Hiroux étant regardé comme la rançon équitable de ses méfaits, celui-ci en aura fini dans tant d'années. Eh bien, non ! Dame justice ne lâche pas son monde aussi facilement; c'est une personne extrêmement « collante ». Elle a

14.

même, pour garder plus longtemps sa main-
mise sur le client, inventé un *distinguo* fort
ingénieux entre ces deux expressions que l'on
serait tenté de croire synonymes : être *libéré*,
être mis *en liberté*.

La libération est la levée d'écrou, l'autorisation de circuler au grand air, badine en
main, cigare aux lèvres, *mais* c'est l'interdiction de sortir de l'île — perpétuelle pour les
condamnés au-dessus de huit ans (libérés de
première section), égale, pour les autres à la
durée de la peine subie [1] (libérés de deuxième
section). Sur cette défense générale s'en greffe
une autre, celle de quitter une région déter-
minée et de paraître — à moins de permis
spécial, — soit à Nouméa, soit dans les centres
principaux de la colonie.

Donc, au jour précis où la peine s'achève,
on ouvre devant le forçat la grille du pénitencier et on le met dehors par les épaules.

Voilà notre homme au milieu d'une rue de

---

1. On appelle cela le *doublage*.

Nouméa, revêtu de son costume de galérien,
dont la société lui fait généreusement cadeau,
sans un sou dans sa poche, — à moins qu'il
n'ait une famille ou des amis qui aient envoyé
pour lui de l'argent à la caisse de l'administration. Où aller? Le comité de patronage
existe, mais seulement sur le papier : il ne
s'est jamais réuni et n'a jamais pensé à fonc-
tionner. Se présenter en pareil équipage pour
solliciter un emploi n'est guère facile, et, la
plupart du temps, comme je viens de le dire,
le séjour du chef-lieu est interdit au libéré
frais émolu du bagne. Les communications avec
l'intérieur de la colonie sont rares et coûteuses;
du reste, il ne peut songer ni aux bateaux, ni
aux diligences qui refuseraient de le recevoir.
Il prend donc, à pied, une route quelconque,
à l'aventure : s'il rencontre les gendarmes, il a
des chances pour être arrêté et ramené *au camp*,
menottes aux mains, pour fournir des explications : heureusement pour lui, les gendarmes
coloniaux se promènent peu.

Le libéré avise une habitation, s'y dirige,

offre ses services : on l'invite à déguerpir, car
on a pour garçons de ferme des forçats loués
par l'administration — des *assignés* — qui
coûtent moins cher et dont on est maître; il
insiste, on lui montre le canon d'un revolver.
Cependant, il a faim et soif, se couche sous
un arbre, le ventre creux et la bouche sèche.
Comme notre voyageur n'est pas un saint, il
rumine de mauvaises choses, et de là à les
mettre à exécution il n'y a pas long. Le lendemain matin, quelque habitant constatera que
sa cuisine a été dévalisée pendant la nuit [1].

Si le hasard bienveillant consent à ce que le
libéré réussisse à se faire embaucher par une
compagnie minière, peut-être s'en tiendra-t-il à
ce premier vol; sinon, il continuera, s'y habituera
facilement, s'associera à une bande et, sans se
soucier désormais de chercher du travail, vivra
de larcins. Au bout d'un temps plus ou moins
long, une battue sera ordonnée, on capturera
la bande et notre libéré sera réintégré au

1. Dans ce pays, la cuisine est toujours en dehors de la
maison.

bagne, pourvu d'un nombre respectable d'années de travaux forcés. Il y reprendra sa place,
beaucoup plus mauvais qu'il n'était sorti, sans
espérance maintenant d'en finir; mais, pris de
la fringale de la vie errante, il s'évadera, com-
mettra de nouveaux vols, sera repris encore
et, cette fois, enfermé pour cinq ans dans une
étroite cellule voûtée. Il y mourra à peu près
idiot et on jettera son cadavre aux requins.

Telle est l'odyssée, non pas certainement de
tous les libérés, car ici, comme ailleurs, il y
a des chances diverses, mais de tous ceux qui
n'ont pas l'intelligence ni la force morale nécessaire pour « se débrouiller ».

J'avoue n'avoir pu imaginer quels mobiles
ont inspiré ces mesures moyenâgeuses, quelles
raisons les maintiennent.

Aux questions que j'ai faites, on n'a su me
répondre que par cet argument plus pauvre
que Job :

— Ne voyez-vous point que ces gens qui
sortent du bagne constitueraient un danger
pour la métropole et ses dépendances ?

La réplique, vraiment, est trop facile :

— Ne voyez-vous point, à votre tour, que si ces hommes sont redoutables, dispersés sur tout l'ensemble des terres françaises, ils le seront bien davantage réunis sur une étendue de quatre cents kilomètres de long et de cinquante kilomètres de large, où vous ne les nourrissez que lorsqu'ils sont devenus trop débiles pour voler ? Et puis, comment expliquer que vos libérés de deuxième section qui ont accompli leur « doublage » et peuvent rentrer en France ne font pas courir à la société les mêmes périls que les autres ? la seule garantie qu'ils vous offrent à ce moment est d'avoir vagabondé avec les pires chenapans durant cinq ou six ans !

C'est absurde, tout bonnement, et même inique.

Je pourrais citer beaucoup d'exemples qui feraient toucher du doigt les conséquences auxquelles aboutit notre système de libération ; entre autres celui-ci que je donne comme type :

Un homme a été accusé d'avoir assassiné une

petite fille après l'avoir violée. Devant la Cour
d'assises il proteste avec véhémence ; comme
il n'y a que des preuves « morales », c'est-à-
dire pas de preuves du tout, le jury se contente,
pour rester courtois envers le ministère public,
d'envoyer le coupable douteux à la « Nouvelle »
au lieu de le remettre ès mains du seigneur
Deibler.

Au bout d'un temps quelconque, on découvre
qu'on s'est trompé, qu'il y a eu maldonne, que
c'est un autre — mort, Dieu merci, et par
conséquent silencieux — qui a fait le coup. On
gracie notre héros.

Logiquement, cette grâce devrait avoir pour
corollaire une retentissante proclamation, un
solennel *meâ culpâ* de la part de M. le président des assises et des jurés, de la part surtout
du procureur général et de ses substituts, avec
une énorme indemnité pécuniaire prélevée sur
leurs émoluments, rentes et revenus de toute
nature.

On ne va pas jusque-là ; on va même beaucoup moins loin.

Grâcier le condamné signifie, en effet, le *libérer* ; le libérer, signifie le rayer de la matricule du bagne pour l'inscrire sur la liste des transportés de première section. Hors du pénitencier, soit ; mais hors de l'île, jamais.

Cela est fort bien imaginé, cela est très sage, concluent les gens qui servent de pivots à l'ordre social ; car si les choses se passaient autrement, il faudrait admettre que la justice commet des erreurs, que dans sa manie de voir un coupable dans chaque prévenu traîné à sa barre, il lui arrive parfois de condamner des innocents et de déshonorer des familles sans motifs bien plausibles... Et alors, mon cher monsieur, alors où irions-nous [1] ?

---

1. Dans l'affaire Cauvin, que chacun se rappelle, on vit — spectacle merveilleux — tous les membres de la famille Thémis présents à Riom s'acharner contre le forçat devenu témoin et peut-être victime. M. l'avocat général mérite le prix pour cette apostrophe vraiment cicéronienne lancée au maroufle qui se permettait de vouloir être innocent : *Les juges d'Aix et de Montpellier auraient dû vous punir davantage pour le crime que vous avez commis.* Si l'on veut bien se souvenir que Cauvin avait été condamné *à perpétuité,* on appréciera tout ce que ce *davantage* contient de suggestif, d'ingénieux et d'attique.

Évidemment, concèdent-ils, nous estimons
fâcheux, très fâcheux, et même contrariant,
qu'un certain nombre de ces innocents meurent
de désespoir au bagne ; et quand la guillotine
prend une tête pour une autre, nous en sommes
navrés. Mais voudriez-vous affaiblir notre dernière citadelle, voudriez-vous qu'on supprimât la
peine de mort ? Songez qu'elle figure, en bonne
place, au nombre des principes dont on nous a,
dès l'âge le plus tendre, inculqué le respect !

Ajoutez-y la loi sur la libération : elle n'est
pas moins belle, noble et touchante. Je vous
assure, mes bons compatriotes, que l'on sort
du village de M'Bi, refuge des vieux libérés,
l'âme tout à fait rafraîchie. On pense : voilà
qui est digne de notre grand XIXᵉ siècle.

*   *
*

J'ai ressenti une impression analogue en

Le doux magistrat a eu l'art de donner, au profit de la peine de
mort dont il semble raffoler, un tour galant à cette vérité que
la Palisse avait peut-être tout bonnement exprimée ainsi : quand
on vous a tranché la tête, vous ne vous mêlez plus de réclamer.

15

visitant la troisième vallée, celle de Tendu.
Pour y parvenir, il faut grimper sur la crête
et redescendre l'autre versant. C'était le campement des Arabes déportés, anciens combat-
tants de l'insurrection de Soukharas et de la
grande insurrection de la Kabylie orientale de
1871. Ils étaient là une cinquantaine, paisibles
et fiers, vivant du maigre produit de leur
culture, ne se plaignant jamais, et tous les
soirs, depuis vingt-quatre ans de cruel exil,
se prosternant pieusement au coucher du
soleil, la face tournée vers la Ville sainte, sans
désespérer de l'infinie bonté d'Allah.

Parmi eux, plusieurs ont une illustre origine, tels que leur ancien chef, Bou Mezrag
(l'homme à la lance), le dernier des Ouled
Mokrani. Cette famille des Mokrani était avant
1871 toute-puissante au pays des Hachem et
mettait en ligne dans la plaine du Hodna,
quinze mille cavaliers de son Magzhen.

Bon-Mezrag et son frère aîné, Si M'hamed
ben Mokrani, bach agha de la Medjana, donnèrent le signal de l'insurrection, et les pre-

miers déployèrent l'étendard vert du Prophète. Le bach agha Mokrani — qui fut tué près d'Alger — chargeait nos troupes, monté sur une admirable jument à la queue de laquelle il avait noué sa cravate de commandeur de la Légion d'honneur.

Particularité curieuse : les Mokrani prétendent — et s'en font gloire — descendre d'un Montmorency fait prisonnier en 1664 au siège de Djijelly.

Est-ce le sang du premier baron de France qui fit battre le cœur de Bou-Mezrag-Mokrani lorsque, en 1878, il sollicita la faveur de se ranger avec ses compagnons sous les ordres du commandant Rivière, pour l'aider à dompter la révolte des Canaques ?

Les Arabes se battirent courageusement ; ils eurent des tués et des blessés.

Malgré cette preuve chevaleresque de loyalisme et de réconciliation, le pardon n'est point encore arrivé. Sa venue, assure-t-on, est retardée par le fait que les juifs d'Algérie se sont abattus sur les biens de ces malheureux comme font les corbeaux sur les cadavres des champs de bataille. Et ils ne lâchent pas facilement non plus, ceux-là !

Un vent de libéralisme paraît, heureusement, s'élever du fond de l'horizon parlementaire. Souhaitons que son effet soit assez fort pour chasser les oiseaux de proie de tous plumages...

* *

Le 5 mai 1888, un adjudant de la garnison d'Antibes comparaissait devant le conseil de guerre pour y répondre de l'inculpation la plus grave dont un soldat puisse être l'objet, celle d'avoir trahi sa patrie et son drapeau. Les faits reprochés à cet homme étaient précis et nettement formulés : on l'accusait d'avoir vendu un fusil Lebel à un espion allemand.

Mince, blond, de tournure assez élégante, Louis Châtelain entra dans la salle d'audience le front haut, jeta sur la foule entassée derrière le banc du prétoire un regard à la fois dédaigneux et satisfait, salua ses juges d'une légère inclinaison et attendit, en prenant des poses, que le président l'interrogeât.

Sans hésiter ni rougir, il avoua son crime du ton d'un héros de roman qui confesse sa dernière aventure galante, une aventure d'ailleurs banale, n'étaient ses conséquences, et que voici :

Son uniforme bien sanglé et sa moustache en croc avaient fait la conquête facile d'une très jolie personne. Malheureusement, cette jolie personne n'était pas de celles qui se contentent du bonheur idyllique d'un amour partagé ; le modeste pot de fleurs que, tous les matins, Jenny l'ouvrière arrose en songeant au bien-aimé ne suffisait point à ses ambitions. Aussi, quand Châtelain eût épuisé ses maigres économies, quand son crédit fut à bout, la charmante enfant donna des signes non équivoques d'impatience. Elle jouait avec le sous-officier la scène de Carmen avec don José, l'ensorcelait par ses grands yeux noirs, par ses caresses et par ses larmes, mais, entre deux baisers, le menaçait de s'envoler vers d'autres

affections mieux pourvues de pistoles ayant
cours.

Châtelain était affolé. Que faire pour garder
cette femme dont la possession était plus nécessaire que la vie à son ardente vanité, — le seul
sentiment qui vibrât en lui? Où trouver de
l'argent?

Il essaya d'abord de s'en procurer par le
vol et commit une escroquerie au préjudice
d'un imprimeur; mais le résultat fut mé-
diocre et la somme presque immédiatement
dissipée. Il était prêt à tout, à forcer des ser-
rures et à assassiner, il eût vendu son père et
sa mère, se fût vendu lui-même.

Tel était son état d'âme lorsqu'un soir, dans
le coin obscur d'un café, l'Espion s'assit à ses
côtés, se pencha vers lui comme une proxénète
qui approche d'une femme et murmura à son
oreille les paroles tentatrices. Il avait pris ses
renseignements, l'espion; il savait qu'il ne
courait aucun risque et que *cela* ne lui coû-
terait pas cher !

En effet, le marché fut vite conclu.

On demandait à Châtelain bien peu de chose : tout simplement de décrocher du râtelier d'armes un fusil et de l'échanger contre quelques rouleaux de pièces de vingt francs.

Dès le lendemain, l'ignoble drôle, ayant empoché les deniers du crime, accourut triomphant chez sa maîtresse et se mit, avec elle, en devoir de les faire tinter joyeusement, si joyeusement que l'attention, puis les soupçons s'éveillèrent. D'où venaient ces beaux louis d'or que le sous-officier, pauvre la veille et endetté, jetait aux quatre vents ?

Une enquête fut ordonnée, qui découvrit la vérité.

Celui qu'on supposait un voleur était un traître !

Il habite maintenant tout près du quartier arabe que nous venons de quitter — car c'est un déporté, lui aussi — un petit bâtiment carré, lourd d'aspect et d'une architecture rudimentaire.

Pas de rideau ni de persienne à l'unique fenêtre percée dans la façade morne, près de la porte, car il faut qu'à chaque heure du jour on puisse voir ce qui se passe dans la chambre. La nuit, Châtelain est obligé de laisser sa lampe allumée à côté de son lit afin que les surveillants de ronde constatent facilement sa présence sans troubler son sommeil.

— Quelle est l'attitude de cet homme? demandons-nous.

— Mauvaise, très mauvaise; rien ne vibre plus en lui. On a mis à sa disposition un champ, des outils, des semences; mais il a formellement refusé de travailler. Comme on ne peut légalement l'y contraindre, comme on ne peut, d'autre part, le laisser mourir de faim, l'administration le nourrit; et lui, il emploie son temps à se promener et à pêcher à la ligne. Aucune trace de repentir ni de honte pour son acte infâme. Connaissant très bien les règlements qui manquent de sanction dans bien des cas, il en profite pour être insolent à propos de tout.

Son unique pensée est de s'évader et, dans ce but, il cherche à nouer des relations avec des libérés. En 1891, il se procura, par ce moyen, un faux livret, réussit à franchir la barrière placée à l'entrée de la presqu'île et, grâce à la connivence d'un de ces *gentlemen-farmers*, anciens forçats, qui pullulent en Nouvelle-Calédonie, se déroba aux recherches pendant deux jours. Mais toutes les routes étaient gardées et, lorsqu'il voulut sortir de sa cachette, il tomba dans les bras d'un surveillant.

L'aspect vigoureux de ce garçon, en pleine vitalité, qui vous regarde d'un air narquois, m'a causé une des impressions de dégoût les plus intenses que j'aie jamais ressenties.

Il a, d'ailleurs, perdu le record de l'attention publique ; et c'est pourquoi nous ne nous arrêtons même pas devant son camarade Noguès, un ancien instituteur, qui vendit, je crois, quelques cartouches. Ces gens-là, ce sont des traîtres vulgaires, des traîtres de rien du tout, sans profondeur, sans mystère, séduits seulement par l'appât de l'or.

Pour peu que vous consentiez, dans quelque

15.

temps, à me suivre en Guyane, je vous en mon-
trerai un autre, vraiment intéressant celui-là,
vraiment digne de se réclamer de son ancêtre,
l'Iscariote.

CHAPITRE VIII

LES RELÉGUÉS

Une loi mal faite. — A l'île des Pins. — Gibier de prison. — Littérateur et gentilhomme. — La baie du Prony. — Le sabots du Directeur. — Un petit juif — Ni régénération, ni utilisation possibles.

Bien que la Relégation soit une recrue nouvellement incorporée dans notre code, on se tromperait fort si on la prenait pour une idée très jeune et si on attribuait sa naissance à un effort prodigieux des cervelles parlementaires contemporaines.

Le droit romain la connaissait et la pratiquait assez fréquemment. C'était l'exil et l'internement dans quelqu'une des îles appartenant à la République. Le bannissement ne faisait pas double emploi avec la déportation dont il différait sur les deux points essentiels, à savoir qu'il pouvait être temporaire et qu'il n'entraînait pas la perte du droit de cité.

Nos sénateurs et députés ont repris cette conception juridique, mais, sous prétexte de la moderniser, de l'adapter aux besoins de notre état social, ils l'ont si étrangement compliquée, si bizarrement défigurée, que la loi du 27 mai 1885, fruit de leurs confuses discussions, semble être une gageure contre la logique, le bon sens et l'équité.

Je vais essayer de justifier l'irrévérence de ces derniers mots.

Comment la loi sur les récidivistes définit-elle la relégation ?

A peu près comme le droit romain : « La relégation, dit-elle[1], consiste dans l'internement perpétuel sur le territoire de colonies ou possessions françaises de condamnés que la présente loi a pour objet d'éloigner de France. »

---

1. Article premier.

Quel est son caractère? Celui d'une peine *accessoire* : « Le jugement ou l'arrêt prononcera la relégation en même temps que la peine principale[1]. La relégation ne sera appliquée qu'à l'expiration de la dernière peine à subir par le condamné[2]. »

A qui s'applique-t-elle?

A des individus ayant encouru : soit deux condamnations pour faits qualifiés crime ; soit une de celles-ci et deux autres pour simples délits ayant entraîné trois mois de prison ; soit quatre de ces dernières — parmi lesquelles figure la mendicité ; soit enfin sept condamnations dont deux ayant entraîné trois mois de prison, les cinq autres pouvant se réduire à des infractions insignifiantes.

Le relégué ne constitue donc pas un type déterminé. Il peut être un assassin, un incendiaire, un cambrioleur ; mais il peut être tout bonnement un mendiant, un vagabond, un pauvre hère sans domicile qui tend aux pas-

1. Article 10.
2. Article 12.

sants son chapeau crasseux et couche sous un
pont — en un mot, ce que dans le langage de
la basoche on appelle un « homme sans aveu ».

Criminels et pauvres diables ont subi leur
peine et payé leur dette à la société. Cependant
l'État considère qu'il a le droit et le devoir
de les éloigner de la métropole par mesure de
sécurité publique et d'hygiène morale. C'est là
une évidente dérogation au principe de la
liberté individuelle et de l'*habeas corpus*. Elle
se justifie très bien pour les criminels, car des
hommes frappés de peines afflictives et infamantes ne sont plus des citoyens. Quant aux
mendiants, aux vagabonds, on peut dire —
mais ceci, à mon avis, est un argument beaucoup moins solide — qu'ils ont abdiqué leur
droit de conserver une place au soleil de la
patrie, puisqu'ils sont incapables d'assurer leur
propre subsistance : retombant à la charge de la
société, la société peut en faire ce qu'elle veut ;
elle les nourrira, mais à certaines conditions
dont la première sera de les transporter loin
de la métropole.

Cette théorie est spécieuse, mais elle perd beaucoup de son apparente beauté si on la regarde de près : on y retrouve facilement le *bluff* qui est la marque de fabrique de la bourgeoisie contemporaine.

Cependant, admettons la, si vous voulez, consentons à déclarer que c'est un chef-d'œuvre où la prévoyance et l'humanité sont étroitement amalgamées : les conséquences, on va le voir, n'en sont pas moins intolérables.

Il nous reste, en effet, deux articles intéressants à lire :

« Le relégué, nous apprend l'article 16, pourra, à partir de la sixième année de sa libération, introduire devant le tribunal de sa localité une demande tendant à se faire relever de la relégation, en justifiant de sa bonne conduite, des services rendus à la colonisation et de moyens d'existence. »

Ceci est de la philanthropie à haute dose. Voici qui va plus loin encore :

Avant même que les récidivistes ayant rendu des services à la colonisation (?) soient autorisés

à rentrer en France, « le gouvernement pourra
leur accorder l'exercice, sur les territoires de
la relégation, de tout ou partie des droits civils
dont ils avaient été privés par l'effet des condamnations encourues. »

Ainsi, entre l'article 1er et l'article 17, il
semble que le législateur se soit repenti de sa
trop grande rigueur ou qu'il ait oublié la définition qu'il a donnée, puisque la peine perpétuelle devient temporaire et que le travail
forcé devient, en certains cas, la liberté complète, l'électorat et l'éligibilité.

Satisfait — et en même temps fatigué —
d'avoir aligné les vingt-trois articles dont je
viens de donner des échantillons, le législateur
de 1885 s'est tourné vers les messieurs qui
synthétisent l'intelligense bureaucratique :

— Voici, leur a-t-il dit, une provision largement suffisante de contradictions, d'incohé-
rences, d'idées fausses ; mélangez-les, accom-
modez-les à la sauce officielle, et servez
chaud.

Ces personnages très compétents et tous

décorés, quoique de corpulences variées, se sont réunis en commission.

Pendant de longs jours, accoudés à une table parée d'un vert tapis, étreignant de leur dextre, habile à tracer des signes légers sur le papier, leurs fronts dégarnis et songeurs, ils sont demeurés plongés dans les abîmes de la médi- tation.

Ce puissant travail mental aboutit à la con- fection, sous le titre de « règlement d'admi- nistration publique », d'une ratatouille indi geste. Mais, pour une fois, comme disent les Belges, ce n'est pas leur faute, et je doute fort que personne fût parvenu à rédiger dans un style plus lapidaire les actes divers dont le recueil in-18º broché constitue le Manuel du parfait relégué, le Vade-mecum professionnel du récidiviste.

*
* *

On peut comparer la loi sur la relégation à une route en construction dont l'entrepreneur,

frappé soudain de troubles cérébraux, aurait
oublié de relier entre eux par des ponts, via-
ducs, passerelles et remblais les différents
tronçons.

Il fallut donc, tout d'abord, parer à ces omis-
sions capitales :

Quel sera le territoire d'outre-mer affecté
aux récidivistes ?

Comment comprendre l'obligation du travail
ordonné par l'article premier ?

Quelles seront, pour le relégué, les conditions à remplir pour être autorisé, ainsi que
le prévoit le bon article 17, à rentrer en France
muni d'une virginité morale entièrement remise
à neuf ?

On commença par pressentir les colonies
qu'on jugeait aptes à servir de lieux de relégation. Ce fut un *tolle* général.

— Nous ne voulons pas de ces gens-là !
clamèrent en chœur nos « frères » exotiques.
Gardez vos coquins; ceux que nous produisons
suffisent à notre consommation.

Il y avait pourtant deux colonies qui criaient

moins fort que les autres : c'étaient les deux colonies pénitentiaires : la Nouvelle-Calédonie et la Guyane. Elles avaient, depuis de nombreuses années, la déportation et la transportation ; même elles en vivaient et ne pouvaient plus s'en passer ; une troisième chose analogue en *tion* n'était pas faite pour les effrayer. Ces colonies ne protestaient en réalité que par pur amour-propre et afin de se donner un air comme il faut.

Aussi les « Règlements d'administration publiques » n'hésitèrent pas, et deux bons décrets intervinrent, affectant à l'internement des récidivistes l'île des Pins, qui est en Calédonie, et la partie sud de la circonscription du Maroni, qui est en Guyane.

Cette question préjudicielle réglée, on s'occupa du reste, c'est-à-dire de l'internement.

Afin de rendre cet internement aussi réel que possible, on décida que les relégués seraient divisés en *collectifs* et en *individuels*.

Il serait interdit aux « collectifs » de sortir

non seulement du territoire, mais encore de
l'enceinte du camp où ils seraient logés —
mesure grave, ayant pour immédiate conséquence de convertir en emprisonnement l'exil
que le législateur semblait avoir voulu ordon-
ner sous le nom d'internement.

Au contraire, les « individuels » seraient de
simples bannis, libres d'évoluer dans toute
l'étendue de la colonie, de se mêler à la vie
des colons, d'être domestiques, commerçants,
cultivateurs, employés de bureaux ; une commission proposerait le passage de la relégation
collective dans l'individuelle et réciproquement.
Mais il fut entendu *in petto* que cette mesure
libérale demeurerait à peu près platonique,
l'accès de l' « individuelle » étant rendu assez
difficile pour que la « collective » constituât la
règle. Et, de fait, sur un chiffre de 3300 relégués, on n'en compte guère que cent cinquante
qui jouissent de l'individualité : c'est donc une
quantité négligeable.

Dans le langage vulgaire, on appelle cette
façon de résoudre les difficultés une escobar-

derie ; les personnes tout à fait du commun
disent : une « fumisterie. »

Quant à la levée de la relégation, à la res-
titution des droits civils, on chargea les tribunaux de les accorder. A ma connaissance, il
n'a pas été rendu encore *un seul* jugement en
ce sens depuis qu'on expérimente la relégation,
c'est-à-dire depuis onze ans.

Les velléités bienveillantes manifestées par
les articles 17 et 18 de la loi de 1885 furent
de cette sorte escamotées comme muscades et
l'on se rapprocha ainsi tellement des travaux
forcés, que M. Léveillé, l'éminent professeur
de droit, a pu dire avec raison que la relégation est « le pseudonyme de la transportation ».

Je prétends même qu'elle est pire.

Cette opinion n'est pas seulement la mienne :
elle est celle des principaux intéressés, je veux
parler des gredins qui sont appelés à comparer
par leur propre expérience. En voici une preuve
entre cent que je pourrais citer :

Au cours d'une visite au bagne central de

l'île Nou, j'interrogeais les forçats qui m'entouraient. L'un d'eux m'apprit qu'il allait être incessamment libéré.

— Vous devez être content? dis-je à cet homme.

— Hélas non ! monsieur.

— Comment cela?

— C'est que je suis relégué. Là-bas, je serai bien plus malheureux qu'ici et, cette fois, ce sera pour toujours. J'ai demandé comme faveur à rester au bagne, mais on m'a répondu que c'était impossible.

Et ce forçat ajouta, comme se parlant à lui-même :

— Ah ! si j'avais su !

Si j'avais su, c'est-à-dire si on m'avait fait connaître qu'après m'avoir condamné à cinq ans de travaux forcés pour vol qualifié, on me ferai subir une peine *accessoire,* dix fois plus terrible que ma peine principale, je n'aurais pas été assez sot pour me contenter de voler, j'aurais frappé ou j'aurais tué ; et, alors, j'aurais été condamné au bagne à perpétuité. Là,

j'aurais été sûr, avec une bonne conduite et de
la docilité, d'obtenir une réduction de peine
et, en attendant, d'être, au bout de quelques
années, en concession, de jouir, dans une sorte
de liberté conditionnelle, des charmes de la
vie rurale et des douces joies du foyer domestique.

Force est bien de reconnaître que ce raisonnement n'est pas dénué de justesse.

Le « si j'avais su » de mon forçat dégage
nettement la caractéristique de la relégation
telle que l'examen de sa mise en œuvre va
nous la faire apparaître.

*
* *

Quand le tribunal correctionnel est fatigué
de revoir trop souvent le même client, il ajoute
à sa ration habituelle de trois mois de prison
une petite phrase disant qu'à l'expiration de sa
peine Un Tel sera relégué.

Prononcée d'une voix indifférente en face
d'un accusé sans prestige et d'un public venu

pour sommeiller ou se chauffer, cette phrase est, néanmoins, très souvent plus grosse de conséquences que maint arrêt solennel rendu, à la suite de plaidoiries retentissantes, devant un public admis sur cartes bleues ou roses.

Elle tombe sur la tête du récidiviste comme un coup de massue. Bien que n'ayant pas plus que le forçat la notion très nette de la vie qui l'attend à la « Nouvelle » ou à la Guyane, il redoute par-dessus tout l'expatriation, que celui-ci, au contraire, accepte avec satisfaction. Cet effet si différent, produit par les mêmes causes, s'explique aisément. Le forçat rêve d'aventures, d'évasions dramatiques ; il est séduit par l'idée de voir du pays. Le relégué, au contraire, qu'il soit vagabond de profession, cambrioleur ou souteneur, n'a jamais eu qu'un seul but : ne pas travailler ; il est dépravé, mais sans passions, parce qu'il est sans énergie. Aussi, la perspective d'être obligé de piocher sous le soleil lui cause-t-elle une insurmontable horreur. Combien ces craintes seraient plus grandes encore, s'il savait exactement ce qui se cache pour lui de douleurs futures dans la petite phrase en question !

Pendant qu'il jouit, pour la dernière fois, de l'hospitalité dont la magistrature de son pays lui a si souvent accordé la faveur, on examine ses états de services, et la commission de classement pèse ses condamnations : on empile dans un des plateaux de la balance ses outrages aux mœurs, ses injures aux agents, ses ruptures de ban, ses vols, etc... ; dans l'autre, on met l'article 17 de la loi du 27 mai 1885, — le poids le moins lourd de la série. Si l'équilibre a lieu, la commission déclare qu'il sera relégué *individuel;* dans le cas contraire, — et c'est ce qui arrive neuf fois sur dix, — on le classe parmi les relégués *collectifs.* A partir de ce moment, tout se passe exactement comme pour l'embarquement des forçats : même cage de fer, même discipline, même régime ; la seule différence, c'est que l'uniforme est bleu au lieu d'être gris.

Les récidivistes destinés à la Nouvelle-Calédonie, débarquent, non pas à l'île Nou comme

16

les forçats, mais à l'île des Pins, où l'on a établi
leur Pénitencier-dépôt. Cet endroit est choisi
très judicieusement si on a voulu réjouir le
regard atone d'Alphonse ou de Jean Hiroux,
car rien de plus ravissant que le port de *Kuto;*
il l'est, au contraire, fort mal, si on a eu la
prétention d'utiliser leur travail, car il n'y a
plus rien à y faire.

*
* *

Après l'insurrection communaliste, l'île des
Pins fut transformée en lieu de villégiature
obligée pour les condamnés à la déportation
simple, et je pense qu'elle n'a pas dû leur
laisser des souvenirs trop moroses. C'est, en
effet, un vrai petit paradis que ce coin de terre :
climat délicieux, végétation luxuriante, de l'eau
vive partout, de minuscules et ombreuses forêts
qui font penser aux bois sacrés des anciens et
où s'abrite un peuple bavard d'oiseaux riche-
ment vêtus, puis une plage découpée en une
succession de petites anses pareilles à des cor-

beilles fleuries que vient baigner la mer bleue,
— tel est l'aspect de la douce prison qu'on leur
donna.

Les déportés simples étaient les soldats de
la révolte, les entraînés ou les sincères et, pour
la plupart, des hommes sans notoriété; par ce
motif, les travailleurs manuels formaient la
majorité, quelques-uns très habiles. Ils eurent
tôt fait de construire de nombreux bâtiments,
— hôpital, maisons de fonctionnaires, etc...
voire une église, — de tracer des routes et de
s'installer eux-mêmes dans des cases en bois
qui se groupèrent en villages. Ces villages,
ai-je besoin de le dire, furent appelés « communes » et s'administrèrent eux-mêmes par
des conseils municipaux auxquels on accorda
tous les pouvoirs compatibles avec les règlements.

Il y aurait un chapitre curieux à écrire sur
l'existence que menèrent les déportés de l'île
des Pins depuis leur arrivée jusqu'à l'amnistie
générale. Ce serait l'histoire des « seigneurs
sans importance » mise en regard de celle des

hauts barons du parti, histoire moins fertile en récits dramatiques, mais où l'on trouverait peut-être des éléments d'une appréciation impartiale sur des événements et sur des hommes, qu'après vingt-cinq années écoulées nous jugeons encore avec les préjugés de la passion politique.

Kuto devint la capitale; on y ouvrit un théâtre dont les représentations étaient très suivies, des magasins, des cafés; on y publia des journaux qui, pour être purement littéraires et illustrés, n'étaient pas néanmoins dénués d'intérêt. Chaque matin, les marchands des quatre saisons parcouraient Kuto et les communes suburbaines; en entendant leurs cris si connus des Parisiens, on pouvait avoir la vision du faubourg Saint-Denis.

L'autorité était bonne personne et, pourvu qu'on ne cherchât pas à s'évader, elle n'exigeait guère autre chose que l'obligation de se présenter à des appels. Tout le monde s'y soumettait sans difficulté, sauf Lullier qui refusa obstinément de se mettre dans les rangs et de

porter le costume réglementaire. Habillé d'une
vieille couverture,

Plus délabré que Job et plus fier que Bragance,
Drapant sa gueuserie avec son arrogance,

il se promenait derrière ses compagnons en
feignant d'être là par hasard, et il répondait : « Présent » en paraissant songer tout
haut. Ces petites manifestations qu'il imaginait
héroïques, mais qui n'étaient que du cabotinage de déclassé, que de la vanité d'aristocrate
inconscient, lui causaient, malgré leur mono-
tonie, un extrême plaisir. On n'eut point la
cruauté de le priver d'un passe-temps aussi
enfantin ; fort tranquillement il put conserver
sa couverture et, tous les dimanches, confesser
en toute tranquillité sa foi politique devant les
cocotiers de la plage dont les grandes palmes
ressemblent vaguement à des ailes de moulins
à vent.

Les déportés qui voulurent faire du jardinage
ou de l'agriculture obtinrent des concessions
de terrains et il faut leur rendre cette justice

16.

qu'ils surent en tirer un excellent parti.
L'élevage du mouton réussit fort bien et les
légumes poussèrent à miracle; aussi, quels
bons gigots à la bretonne, quels succulents
choux farcis! Le vin était un peu cher, mais
l'eau de l'île des Pins est si claire, si saine
avec son goût légèrement ferrugineux et ses
qualités particulièrement apéritives!

Plus d'un ancien amnistié revenu de l'Océanie, — et de l'intransigeance d'antan, — aujour-
d'hui, hélas! embourgeoisé et bien nanti, possède
encore à l'heure qu'il est des intérêts à l'île des
Pins et ne craint pas d'y jouer, vis-à-vis des
indigènes, le rôle infâme de « proprio » : spectacle bien fait pour consoler du haut du ciel,
leur demeure dernière, les pauvres diables qui
se sont fait fusiller sur les barricades pour l'idée
communaliste!

*
* *

Encouragée par le succès de la déportation
simple auprès de la politique avancée, l'administration résolut de passer de la rouge à la

noire et elle envoya à l'île des Pins les Canaques pris les armes à la main pendant l'insurrection de 1877.

Ces indigènes furent placés auprès des tribus
autochtones auxquelles le nord de l'île appartient et qui se sont groupées autour de la
mission catholique.

Il n'est pas inutile de rappeler en passant
que c'est aux Maristes, dont l'établissement a
précédé de beaucoup le nôtre, que nous devons
la conquête de l'île des Pins.

Le 27 septembre 1853, deux navires de
guerre, l'un français, l'autre anglais s'avan-
çaient par le canal de la Havannah, puis par
celui de la Sarcelle; ils allaient à toutes voiles et
à toute vapeur; c'était un match dont le but
n'était pas douteux. Grimpé sur le pic N'ga,
qui est le point le plus élevé de l'île, le roi
canaque voyait les vaisseaux grandir à l'horizon
et il ne se faisait aucune illusion. En son âme
royale s'agitait seulement ce problème : à
quelle sauce vais-je être mangé ? — alternative
qui lui donnait d'autant plus sérieusement à

réfléchir, qu'il venait tout récemment d'abjurer l'anthropophagie. Les Pères maristes, en bons patriotes, l'engagèrent vivement à opter pour la cuisine française ; en sorte que, tout à coup, les commandants des deux navires aperçurent notre pavillon flottant joyeusement au soleil sur le sommet pointu de la hutte royale.

Le tour était bon ; mais les Anglais, rebelles d'ordinaire à la plaisanterie, jugèrent celle-ci détestable ; à ce point, que leur commodore mourut subitement, étouffé par la colère.

C'est encore à l'influence exercée par les Maristes sur leurs ouailles que nous devons d'avoir été reçus en amis, d'avoir obtenu des chefs le serment d'allégeance auquel ils sont restés scrupuleusement fidèles et de nous être établis sans difficulté dans la partie méridionale de l'île.

Le roi de l'île des Pins qui nous avait si bien accueillis et dont j'ai d'autant plus de peine à me rappeler le nom que je ne l'ai jamais su, mourut à quelque temps de là n'ayant qu'une fille, Hortense, pour héritière.

La reine Hortense (rien de l'air agaçant qu'on voulut rendre national) fut la dernière souveraine du pays. Séduite par l'appât d'une rente de douze cents francs, elle déposa son sceptre de bambou.

Cette rente lui suffit pour se procurer du tafia et pour entretenir sa garde-robe qui consiste en un *tapa* roulé autour des reins et une pipe en terre. Depuis quelques années Hortense est devenue dévote et s'est retirée dans un couvent près de Nouméa.

Les Canaques de l'insurrection de 1878 ne se sont pas fondus avec les anciens sujets de la reine de l'île des Pins et ils continuent à tourner leurs regards mélancoliques vers la grande terre. Quand les déportés communalistes s'embarquèrent, rappelés par l'indulgence de la mère-patrie, les pauvres Canaques exilés crurent que, pour eux aussi, l'heure de la grâce allait sonner, et beaucoup de gens trouvèrent qu'ainsi l'exigeait l'équité. Mais on fit observer qu'il serait absurde de traiter avec la même générosité des hommes coupables, non seule-

ment d'avoir des cheveux crépus, mais encore
d'avoir essayé de défendre l'indépendance de
leur territoire[1], et des Européens espiègles qui
« flambèrent » quelques monuments publics
et fusillèrent quelques vieillards.

On ne saurait qu'approuver un raisonnement
si plein de sagesse.

*
* *

L'amnistie ayant laissé les chantiers en dé-
tresse, on envoya des forçats reprendre la suite
des déportés. Lorsque les travaux plus ou
moins utiles furent achevés, on en fit d'inutiles ; après quoi, on ne sut plus comment
employer la main-d'œuvre pénale et il fallut
envisager la perspective d'abandonner de nombreux bâtiments bien construits, toute une
série d'installations confortables. C'était se rési-
gner à un pénible sacrifice, car jamais un

1. L'histoire de cette insurrection n'a pas été écrite avec im-
partialité jusqu'à présent et on s'est bien gardé de raconter les
causes véritables du soulèvement.

ministère qui se respecte n'a laissé vide une maison appartenant à l'État, dût-il créer pour l'habiter, un nombre de fonctions et de fonctionnaires égal à celui des logements vacants. C'est ce qu'on appelle, dans le langage spécial, « administrer en bon père de famille ».

La loi sur les récidivistes vint à point pour écarter cette éventualité regrettable : par décret du 20 août 1886, l'île des Pins fut désignée « pour recevoir les relégués collectifs » et, le 25 janvier suivant, la *Ville-de-Saint-Nazaire* amena un premier convoi de trois cents individus des deux sexes.

Ils sont maintenant près de deux mille. Sur ce nombre huit cents seulement sont internés à l'île des Pins : les autres sont employés par l'État sur la grande terre ; cent cinquante travaillent dans les mines ; une quarantaine sont engagés chez des particuliers ; sept ou huit sont concessionnaires ; enfin, quelques-uns « jouissent du bénéfice de la relégation individuelle » (style officiel).

L'influence des milieux agit-elle sur cette

catégorie de gredins avec la même efficacité
que sur les forçats? Le traitement moral qui,
appliqué à ces derniers, a donné de bons résultats, peut-il les améliorer ou doit-on renoncer
en ce qui les concerne à tout essai de médication? Voilà d'intéressantes questions auxquelles on ne saurait répondre dès maintenant,
car les expériences sont récentes encore ; néanmoins, on peut recueillir de sérieux éléments
de probabilité en visitant les relégués placés
dans les différentes situations que j'ai indi-
quées, en cherchant à se rendre compte de
ce qui a pu se passer dans leur tête depuis
que celle-ci n'est plus surmontée de la cas-
quette à trois ponts.

Si on veut bien me permettre une comparaison un peu risquée, je dirai que le Pénitencier-dépôt de l'île des Pins joue vis-à-vis des
autres établissements de la relégation un rôle
semblable à celui d'une maison-mère vis-à-vis
des couvents suffragants : c'est là qu'on vient
se préparer à une vie nouvelle, là aussi qu'on
retourne par nécessité de santé ou par mesure

disciplinaire. Il s'y trouve, comme à l'île Nou, un vaste hôpital, un quartier de correction, des cases et des ateliers ; mais tout cela très différent du bagne par l'aspect extérieur des constructions et surtout par la physionomie générale de la population.

J'étais persuadé, quant à moi, que je trouverais là beaucoup de ces mauvais garnements, fournisseurs attitrés de la quatrième page des gazettes ; je m'attendais à des visages effrontés, insolents et gouailleurs, types classiques de la périphérie parisienne. Ma désillusion a été complète. Le « Rempart de Grenelle », la « Terreur des Batignolles » sont à l'état d'insignifiante minorité. Ce qui grouille, c'est le vieux gibier de prison, sale, morne, patibulaire. Puisse le soleil guérir ces rhumatismes et ces catarrhes !

On a vu que la relégation, comme toutes les carrières, permet à ceux qui l'ont adoptée de recevoir de l'avancement : cet avancement consiste à passer de la Collective à la Section mobile, puis à l'Individuelle, dignité suprême.

Les relégués collectifs couchent dans des cases

exactement pareilles à celles des forçats, sont
conduits au travail par des surveillants militaires et passibles de punitions disciplinaires
dont la gradation est à peu près calquée sur
celle du bagne. Leur unique privilège est de
toucher un léger salaire, grâce auquel ils peuvent, en achetant à la cantine quelques comes-
tibles, améliorer leur frugal ordinaire.

Manger, boire et ne pas travailler constituant
l'idéal complet du relégué vraiment digne de ce
titre, on comprend quelle place la cantine occupe
dans son existence ; aussi la punition la plus
redoutée est-elle l'interdiction plus ou moins
prolongée de pénétrer dans ce lieu de délices.
En revanche, les emplois enviés entre tous
sont ceux de planton, « d'écrivain », d'infirmier. Il n'y a si petit commis d'administration,
qui n'ait sous ses ordres autant de secrétaires
et de garçons de bureau qu'un ministre, ce qui
n'est pas peu dire ; à l'hôpital, messieurs les
médecins ont beaucoup plus d'aides que de
malades.

Quand on parcourt les ateliers de l'île des

Pins, après avoir vu en détail ceux de l'île Nou, on s'aperçoit bien vite qu'on a affaire à deux espèces de criminels n'ayant rien de commun. Ici, presque pas de gens de métier : le cambrioleur s'intitule serrurier, et le confectionneur de chaussons de lisière se déclare cordonnier ; placés, outils en mains, en face de la forge ou de l'établi, ils ne savent rien faire. Comment en serait-il autrement d'individus qui ont passé une partie de leur vie en prison parce qu'ils se sont obstinés à passer l'autre à ramasser, entre deux vols, des bouts de cigares ?

On peut dire que le forçat et le récidiviste sont arrivés presque au même point en suivant des chemins fort différents : le premier, sans hésiter, a pris la grande route, qui l'a mené droit au but ; le second s'est engagé dans un étroit et sinueux sentier, s'arrêtant à chaque instant pour baguenauder. Aussi l'homme de la cour d'assises arrive-t-il au bagne avec toute sa force, toute son énergie, tout son *moi*, dans lequel le pire n'est point sans, parfois, un alliage de bon ; tandis que l'homme de la cor-

rectionnelle n'a plus, depuis longtemps, ni
ressort ni courage. Chez lui tout vestige de feu
sacré semble éteint. On a devant soi une sorte
de résidu dont les diverses transformations,
devenues définitives, n'excitent plus qu'un intérêt rétrospectif. Je crois que c'est ce sentiment
inconscient qui fait que les surveillants militaires préfèrent de beaucoup être chargés des
plus dangereux parmi les galériens plutôt que
des relégués les plus placides.

*
* *

Il se fait à l'île des Pins une énorme consommation d'encre, de plumes et de papier, car les
récidivistes sont à la fois réclameurs et scribo-
manes : correspondances d'autant plus curieuses
que beaucoup de ces gens-là possèdent, phénomène médiocrement flatteur pour les classes
dirigeantes, une instruction supérieure.

Dans le bureau d'un magasinier, j'ai vu un
docteur ès lettres de la Faculté de Paris copiant
la prose sans orthographe ni grammaire de

ce brave agent. Tels les premiers érudits trans-
crivant les actes des premiers apôtres. Ses yeux
boursouflés et son nez rouge expliquaient tout.
On m'assura que son casier judiciaire était
chargé de trente condamnations pour vaga-
bondage et mendicité. A peine débarqué, il
s'empressa d'envoyer une pièce de vers lauda-
tive à un très haut fonctionnaire de la colonie,
lequel très haut fonctionnaire,

Charmé que sous son règne on crût à la justice

et fort satisfait d'être célébré dans la langue
des dieux par un docteur, répondit en lui obte-
nant un emploi chez un des principaux commerçants de Nouméa. Le premier jour, le docteur
se grisa abominablement et en fit de même les
jours suivants, si bien qu'on le remit à la
disposition du haut fonctionnaire. Ce dernier
voulait renouveler l'expérience, mais le docteur
lui-même l'en détourna : « Je suis incapable,
lui dit-il, de me conduire dans la vie et je
demande à retourner dans le bureau du maga-

sinier ; il ne sait pas bien sa langue, mais il
m'empêche de me griser et d'aller en prison.
Qu'on me rende mes chaînes ! »

Autre exemple :

Ayant loué l'unique voiture qui soit dans
l'île, on me donna pour cocher un grand maigre,
au teint pâle, qui me salua cérémonieusement
lorsque je me hissai dans son véhicule. La correction de son attitude, les mots anglais qu'il
adressait à sa rosse, les phrases polies et pleines
d'aisance qu'il m'adressait à moi-même quand
je lui parlais, tout cela me fit penser que j'avais
affaire à un incompris. Je ne me trompais pas,
et une pièce de quarante sous me valut sa
biographie.

C'est à notre régime démocratique, m'assura-
t-il, qu'il devait l'origine de ses malheurs. Il
s'appelait le comte de P... Son nom, ses traditions de famille, l'obligeaient à bouder la
République ; et quand un gentilhomme ne peut
servir l'État, que lui reste-t-il ? les femmes et
les chevaux. Il devint donc, par fidélité monar-
chique, gommeux et sportsman. Une de nos plus

charmantes artistes embellit ses loisirs jusqu'à la chute des feuilles ; la ruine l'entraîna à quelques peccadilles et celles-ci l'entraînèrent à Mazas. Réduit à n'aimer plus que les chevaux des autres, il se fit écuyer de manège et serait encore en train de diriger des *reprises*, sans l'intervention malséante d'un marchand désagréablement surpris de voir son nom roturier mis par une main complaisante au bas d'une traite qu'il n'avait pas signée.

— On a pu me vaincre, conclut d'un ton pénétré mon automédon en achevant son récit, mais on ne m'empêchera pas de rester un homme du monde.

Comment donc, et du meilleur !

Je revis mon noble interlocuteur dans les rues de Nouméa ; il conduisait avec distinction une voiture de vidange. M'étant informé, j'appris qu'il y avait du vrai dans son histoire, qu'il s'appelait effectivement de P..., et que, de plus, c'était un ivrogne fieffé.

La relégation pullule de déclassés semblables à ceux que je viens de citer en guise de spé-

cimens : voici le proche parent d'un homme
politique très en vue, le neveu d'un artiste célèbre; voici un professeur, un dessinateur, etc...
A tous on peut décerner l'épithète : alcoolique.
Le poison a pénétré jusque dans leurs moelles,
il circule dans leurs veines et, après avoir
flétri leurs traits, brisé leurs muscles, il les
achemine par une vieillesse prématurée vers
le *delirium tremens* ou la paralysie.

Vous vous imaginez quels ouvriers on obtient
avec tout ce monde.

Au moins a-t-on assaini les trottoirs des
boulevards extérieurs? En aucune façon, mais
on a débarrassé de non-valeurs encombrantes
les prisons et les dépôts de mendicité.

A côté des individus issus de la bourgeoisie,
il y a tous ceux qui exercent des métiers
vagues, nomades, intermittents, tels que garçons de café, camelots, cabotins de bas étage,
pîtres de foire, clowns de cirque, etc.

Enfin, comme je l'ai dit, un très petit
nombre de relégués possède plus ou moins des
notions de métiers manuels. Les forgerons, les

menuisiers, les maçons, les tailleurs font à
peu près défaut, mais on trouve quelques
peintres en bâtiment, des plâtriers, des horlo-
gers et surtout, pourquoi ? je l'ignore, des
cuisiniers dont chacun, à l'entendre, a fait les
beaux jours de Bignon, de Voisin ou du café
Anglais. Son Excellence le gouverneur de la
Nouvelle-Calédonie, très zélé pour la relégation
et qui avait eu si peu de chance avec les docteurs ès lettres, pensa être plus heureux avec
les Carême récidivistes. Désireux de les mettre
à la mode, il tenta plusieurs fois lui-même
l'essai loyal en leur confiant les casseroles officielles ; mais force lui fut d'y renoncer, à la
suite de batailles livrées dans ses offices et de
quelques dîners renversés au moment psychologique de se mettre à table.

Ces faits montrent que si l'exagération dans
la répression ne saurait être trop blâmée,
l'exagération dans l'indulgence est une niai-
serie. Il n'y a pas encore, que je sache, un
seul relégué individuel qui ait présenté des
témoignages de relèvement. Un point acquis

17.

désormais, c'est que la relégation individuelle
a donné sa mesure et doit être rangée parmi
les utopies qu'il est imprudent de décrocher
pour essayer de s'en servir. Nous verrons tout
à l'heure si la relégation collective a fourni
jusqu'à présent de meilleurs résultats.

Mais, avant de quitter l'île des Pins, soyons
galants et visitons le gynécée.

*
* *

On répète souvent, propos de gens sérieux
et pour la plupart âgés, que le beau-sexe est,
sous quelques rapports, inférieur au nôtre : je
ne veux point discuter cela. Toujours est-il —
et cette constatation me fait plaisir — que les
femmes reléguées sont infiniment meilleures
que leurs collègues masculins, sans que, d'ailleurs, cet « infiniment » doive faire concevoir une
idée trop haute de leurs vertus. Le séjour dans
les prisons n'a pas eu pour conséquence de
les anémier intellectuellement et moralement
comme les hommes. En les forçant à reprendre,

par intermittences, l'habitude de travaux exercés dès leur enfance, tels que la couture, il a, pour certaines, été salutaire et leur a conservé la possibilité de gagner leur vie au jour de la mise en liberté.

Bien que placé, comme le « Couvent » de Bourail, sous la surveillance des religieuses de Saint-Joseph de Cluny, le dépôt des femmes reléguées est tout différent. Bourail, prison triste, étriquée, silencieuse et sévère, est une sorte de Saint-Lazare ; l'asile de *Kuto* est, au contraire, un ensemble de vastes bâtiments sans grilles ni verroux, d'aspect fort gai, qui s'étagent sur le flanc d'un vallon pittoresque, à l'ombre de la coquette église. En guise de mur d'enceinte, une haie de lantanas embaumés ; en guise de chemin de ronde, un ravissant petit chemin où les bagnans et les flamboyants forment berceau et qui va rejoindre la route du tour de l'île.

Cent cinquante femmes environ, parvenues à l'automne de la vie, y attendent des engagements de travail et surtout des demandes en mariage. Je vous laisse à penser ce que ces cent cinquante personnes représentent de balais rôtis.

On les occupe à la confection des vêtements destinés aux relégués et aux forçats, ce qui a permis de réduire l'effectif des ateliers de tailleurs et de ne plus y employer que des individus réellement incapables de se livrer aux travaux pénibles prescrits par la loi. Il paraît que, depuis l'installation de ces ouvroirs, les commandes faites par les magasins sont exécutées avec beaucoup plus de soin et de régularité.

En dehors des ateliers de confection, le dépôt contient une blanchisserie bien organisée, où on lave et repasse, dans la promiscuité d'un amidon égalitaire, tous les faux-cols et plastrons présents à l'île des Pins.

Le régime est fort doux et je crois même qu'il n'y a pas dans l'établissement de local disciplinaire, c'est-à-dire de cellules ni de cachots; les punitions ne dépassent guère la privation de café, et, dans les cas graves, quelques journées de pain sec.

Grâce aux habitantes de l'île des Pins, on ne pourra pas dire que la relégation n'a rendu aucun service, car il est incontestable qu'elle a suppléé à la disette de femmes dont la transportation gémissait depuis quelques années. Le dépôt a été pour le « Couvent » une pépinière, si tant est que ce mot puisse s'appliquer à des plantes passablement fanées et décrépites. Les forçats concessionnaires ont maintenant des réserves matrimoniales sur la planche ; tous les mois il part un bateau pour Cythère et chacune attend, avec une impatience bien légitime, la faveur de figurer sur le rôle d'équipage.

On procède par ancienneté, comme dans l'annuaire, et on suit l'ordre d'inscription. Ces aimables enfants savent ainsi à peu près à quoi s'en tenir sur le temps de leur séjour à l'île des Pins ; elles emploient ce temps à coudre, à ravauder, à rêver à la chaumière et au cœur que leur destine une administration bienveillante :

> Cours, mon aiguille, dans la laine
> Ne te casse pas dans ma main
> Avec un bon baiser, demain,
> On nous paiera de notre peine.

Très peu de mariages entre relégués, si peu qu'on peut dire aucun : ces dames, dont la compétence est indiscutable, jugent, en effet, que leurs collègues du sexe laid sont trop déprimés pour leur donner, dans les duos espérés, la réplique avec une voix suffisamment timbrée ; d'ailleurs, simples suppôts de prison, vulgaires tresseurs de chaussons de lisière, ces hommes manquent totalement à leurs yeux de romanesque et d'imprévu.

La colonisation pénale n'a que des avantages à tirer de ce dédain pour les relégués, de cette préférence pour les forçats d'où certainement naîtra une race plus forte. Si donc les petits-fils de nos transportés s'éloignent de leur origine du même pas que les descendants des *convicts* anglais, en sorte que dans cinquante ans ils soient tout à fait mêlés à la population normale, occupent des emplois, aient acquis la fortune, ils pourront bénir leurs grand'mères d'avoir préféré le hardi coupe-jarrets au timide voleur à la tire.

*
* *

Il me reste à parler des relégués envoyés hors du territoire de l'île des Pins pour être mis par groupes à la disposition des particuliers ou pour travailler au compte de l'administration.

Tout en se refusant énergiquement à accepter l'article relégué comme valeur marchande dans la fourniture que l'État s'est engagé à leur livrer en vertu des fameux contrats de « chair humaine », les compagnies minières, qui ont de bonnes raisons pour être courtoises, consentirent néanmoins à recevoir quelques échantillons de la susdite denrée ; mais elles les déclarèrent détestables et s'empressèrent, au bout de peu de temps, de les retourner à l'expéditeur.

Repoussé de ce côté, le gouvernement local s'adressa aux colons agriculteurs et fit les plus grands efforts pour obtenir qu'ils consentissent à employer des relégués au lieu de forçats assignés. Les colons répondirent avec ensemble... et raison que les forçats ne leur coûtaient

presque rien, qu'ils étaient solides et disciplinés,
tandis que les récidivistes n'offraient aucun de
ces avantages : changer son cheval borgne contre
un cheval aveugle leur parut une spéculation
trop peu rémunératrice pour être risquée.

Le dialogue en était là entre l'offre et la
demande quand, à l'étonnement général, un
courageux industriel prit la parole et réclama
comme une faveur grande l'obtention de cette
main-d'œuvre si décriée. C'était un ancien
épicier devenu capitaliste et propriétaire de
mines, brasseur d'affaires très avisé, mûr pour
l'ambition, philanthrope en vue du ruban
rouge. Trois francs par jour et le logement,
telles furent les conditions auxquelles il s'en-
gagea à recevoir les relégués qu'on voudrait
bien lui confier. Je vous laisse à penser si les
demandes affluèrent et si les autorisations
furent données avec empressement.

M. X..., du coup, passa pour une sorte de
petit manteau bleu méconnu jusqu'alors ; on
l'admit aux *lawn-tennis* les plus recherchés, à
des pique-niques où il rencontrait le gouver-

neur et coudoyait le colonel : il était dans la bonne voie.

Mais pourquoi faut-il donc toujours, que les mauvais propos bourdonnent autour de la vertu comme mouches attirées par le miel! L'envie ne pouvait épargner M. X... ; elle répandit que ses relégués étaient exploités sans vergogne et que les trois francs étaient un leurre. A l'en croire, M. X..., avait installé à côté de ses chantiers un magasin et une cantine où l'on vendait des denrées avariées à un prix triple ou quadruple de ce que valaient, à Nouméa, les mêmes objets en première qualité; les relégués touchaient bien trois francs de salaire, mais ils en dépensaient davantage dans le *store;* par cette combinaison ingénieuse, chaque relégué était débiteur envers son employeur de sommes payables en plusieurs mois de travail gratuit.

L'administration dressa l'oreille et prescrivit une enquête. Cette enquête ne fut pas, j'imagine, très favorable au bienfaiteur des relégués, car ces derniers furent aussitôt acheminés vers le pé-

nitencier le plus voisin. Autre conséquence : l'é-
toile des braves disparut du firmament de M. X...

Ainsi finit la seule expérience sérieuse qu'on
ait faite pour exécuter l'article 36 du décret
du 26 novembre 1885 aux termes duquel les
relégués « peuvent recevoir du dehors des
offres d'occupation et d'emploi et justifier d'engagements de travail ».

* *
*

Force fut donc à l'État de ne compter que
sur lui-même et de répartir entre ses propres
chantiers les récidivistes dont l'emploi, faute
de travail, était impossible à l'île des Pins.

On composa trois détachements destinés, le
premier à la Ouaménie, exploitation agricole; le second à la baie du Prony, exploitation forestière; le troisième aux travaux du
génie.

Le domaine de la Ouaménie est une vaste plaine
très rebelle à la culture, souvent inondée, fort
hospitalière aux moustiques. On choisit ce lieu

pour y créer un centre de colonisation libre
institué d'après les formules les plus perfec-
tionnées [1] et ce furent les relégués qui eurent
l'honneur de prêter leur concours à cette œuvre
patriotique. Ils n'avaient autre chose à faire
que défricher deux cents hectares et construire
une douzaine de maisonnettes de deux ou trois
pièces chacune ; mais c'était encore trop demander à des ouvriers parmi lesquels on eût
cherché vainement un homme capable d'équarrir
une pièce de bois et de gâcher du mortier ;
aussi fut-on obligé de requérir l'assistance du
bagne, et c'est grâce à cela que douze ouvriers
papetiers périgourdins et leurs familles purent
venir prendre possession du nouveau village au
nom de l'agriculture française. Les récidivistes
furent établis dans une autre partie du domaine
dont un petit morceau fut distrait pour être
fractionné en concessions rurales.

Les habitants du village libre de *Cookville*
(ainsi baptisé du nom de son fondateur,

1. J'ai déjà mentionné cette tentative de colonisation ; voir
page 72.

M. Cook) [1] accaparèrent tellement l'attention
par leurs excentricités qu'on ne pensa guère à
l'expérience de colonisation tentée parallèlement sur le territoire pénitentiaire et que
l'administration, ennuyée de l'échec de ses
papetiers, la poursuivit sans conviction. A
l'heure actuelle, il n'y a plus, je crois, à la
Ouaménie que trois colons libres et il n'y a plus
du tout de concessionnaires récidivistes. Le camp
des relégués a été maintenu et la section
mobile donne tous les jours, entre les heures
des repas, quelques coups de pioche sur la
terre stérile sans que personne sache au juste
dans quel but.

Voilà pour l'agriculture.

A cent kilomètres au sud de la Ouaménie,
au fond de la baie de Prony, l'État possède
une magnifique forêt qui contient des arbres
d'essences précieuses tels que le *tamanou*, le *bois
de rose*, *l'ébène*, le *kaori*, le *chêne tigré*, le *hêtre mou-
cheté*, etc... L'exploitation de cette forêt est

1. Je m'étais promis de lui conserver le bénéfice de l'ano-
nymat et voilà que je ne tiens point ma parole. Ma foi, tant pis !

confiée à un homme actif, dévoué, très com-
pétent ; il la rendrait certainement très fruc-
tueuse s'il ne se heurtait à chaque pas à quelque chinoiserie administrative qui lui fait
s'arracher les cheveux. On m'a raconté — ce
n'est pas le chef de l'exploitation — un trait
qui m'a paru assez topique.

Un beau jour, le gouverneur de la Nouvelle-
Calédonie reçut cet ordre : faites fabriquer dix
mille paires de sabots dans les ateliers de Prony
et envoyez-les-moi ; je les destine aux condamnés de la Guyane. Le gouverneur s'étonne,
quoique fonctionnaire ; on a dû, pense-t-il se
tromper, car la Guyane est couverte de forêts,
alors que la Nouvelle-Calédonie n'est boisée
que sur une étendue de vingt-cinq mille hectares : le fleuve ne saurait solliciter le ruisseau.
Fort de cette réflexion judicieuse, il enterra la
prose officielle dans un carton vert.

Au bout de trois mois, nouvelle lettre : et
mes sabots ? réitère le directeur mécontent.
Devant cette sommation péremptoire, vite on
met toutes les machines en branle et, par le

premier transport de l'État, on expédie les dix
mille paires enfermées dans de nombreuses
caisses. Le tout arrive à Brest. Les magasiniers
de la marine reçoivent les colis et les empilent
dans un coin. Passe un inspecteur :

— Qu'est-ce que c'est que ça? interroge-t-il
d'un ton sévère.

— Ce sont des sabots, monsieur l'inspecteur.

— Pourquoi ces sabots?

— Je l'ignore.

— Vendez-moi cette marchandise inutile qui
nous encombre.

La semaine suivante, les paysans des environs faisaient râfle à bon compte des sabots
fabriqués à la baie du Prony. Pendant ce
temps, le directeur clamait toujours : et mes
sabots? Quand on apprit qu'ils chaussaient deux
départements de Bretons, c'était un peu tard :
on n'osa pas déchausser tant de Bretons et les
condamnés de la Guyane, aussi bien que ceux
de la Nouvelle-Calédonie, restèrent pieds nus
jusqu'à nouvel ordre.

Malgré tout, le chef d'exploitation était par-

venu à des résultats appréciables. Il avait formé
de bons bûcherons, d'habiles charpentiers, lorsqu'on jugea convenable de remplacer les forçats
par des relégués. Ceux-ci, qui n'avaient jamais
considéré les arbres que comme de vastes om-
brelles créées par la Providence pour protéger
le sommeil du pauvre monde, refusèrent pé-
remptoirement de les attaquer par la hache,
et il fallut l'intervention du revolver pour
vaincre chez eux un scrupule si honorable. Ils
sont là cent cinquante qui font de l'ouvrage
comme vingt et passent leurs jours à gémir et
à boire.

Comme conséquence, les constructions de-
viennent hors de prix à Nouméa et on y importe
d'Australie des charpentes en fer ; ajoutons que
les forçats, occupés jadis à ce rude travail de
la forêt, ont été, les uns envoyés à l'usine de
Gomen, où ils fabriquent des boîtes de fer-blanc
pour conserves, les autres répartis chez les
colons, dont ils arrosent les petits pois.

Voilà pour l'exploitation industrielle.

Quelques mots maintenant sur l'utilisation

des relégués en matière d'intérêt public, et j'aurai fermé le cycle.

Cette troisième épreuve a été faite au moyen d'une section de relégués qu'on a établis dans un îlot situé dans la rade même de Nouméa, appelé *île aux Lapins* (il y a des noms prédestinés). La section, composée de cent cinquante hommes choisis, a été mise à la disposition de l'Artillerie. On était en droit de penser que des individus familiers depuis leur prime jeunesse avec les « canons » et avec les fortifications seraient tout à fait propres à pratiquer l'art de Vauban. Eh bien, pas du tout : la pensée qu'ils contribueraient à assurer la défense de notre colonie leur inspira un enthousiasme si modéré qu'ils tentèrent de se mettre en grève. Mais, dans une colonie pénitentiaire, ce genre de plaisanterie n'a aucun succès : à la première manifestation, les meneurs furent prestement mis au cachot, la *manille* aux pieds, les autres grévistes punis de pain sec, et tout rentra dans l'ordre.

Ils n'eurent d'autre ressource que d'opposer la force d'inertie et ne s'en firent pas faute.

Nos officiers, du reste, n'insistèrent pas et, préoccupés avant tout de ne point gaspiller leurs crédits, exigèrent qu'on leur rendît des forçats. Ce que l'on fit en soupirant.

* *

Il faut être juste, pourtant, envers les malheureux relégués. Si j'ai tant insisté pour montrer qu'ils ne sont bons à rien, mon principal objectif a été de prouver qu'on a fait fausse route en ce qui les concerne. L'installation, dont je viens de parler, d'un certain nombre d'entre eux à l'île aux Lapins, semble avoir été faite exprès pour mettre en pleine lumière les absurdités consacrées par la loi de 1885, et dont la plus grande, je ne saurais trop le répéter, est sa ressemblance, si parfaite qu'elle a l'air d'une copie, avec le régime des travaux forcés.

Tous les matins, les canots de service *dérapent*, à la même heure, de l'île aux Lapins et de l'île Nou, s'avancent parallèlement vers la grande terre, les uns montés par des hommes vêtus de bleu, les autres par des hommes vêtus de blanc : Oxford et Cambridge. Au même coup de cloche, les bleus et les blancs cessent un travail identique, exécuté pendant le même nombre d'heures, et les canots reviennent ensemble, la nuit tombée.

Quand le récidiviste qui, presque certainement, répètera jusqu'à son dernier souffle un programme analogue, compare sa destinée sans issue à celle du forçat, n'est-il point en droit de penser : « le plus rapproché de la liberté, ce n'est pas moi, c'est le forçat ? »

Et peut-on s'étonner, dès lors, que cet être misérable, dont l'individualité morale a été comme disloquée par les heurts incessants et brutaux d'une affreuse vie, se laisse glisser sans résistance jusqu'au découragement irrémédiable, jusqu'à l'entier abandon de soi-même ?

En vérité, je vous le dis : la loi sur la Relégation est un édifice qu'il faut démolir de fond en comble pour le rebâtir, non plus — comme on l'a fait — en utilisant aussi maladroitement

que pieusement d'antiques et vénérables maté-
riaux contemporains de l'empereur Auguste,
mais en se conformant à nos principes mo-
dernes de philosophie pénitentiaire.

Toutefois, je me rendrais coupable d'une
dissimulation sans excuse si je laissais entendre,
même vaguement, que je nourris une espérance
quelconque, même lointaine, de voir cet utile
travail entrepris avec plus de célérité que le
percement du boulevard Haussmann et la re-
construction du palais de la Cour des comptes.
Il serait, en effet, pour cela, indispensable que
nos législateurs fussent moins occupés à renverser des ministères et à s'en jeter les morceaux à la tête.

FIN

TABLE

—

CHAPITRE PREMIER

CHAPITRE II

CHAPITRE III

TABLE   319

CHAPITRE VIII

————

IMPRIMERIE CHAIX, RUE BERGÈRE, 20, PARIS. — 2410-9-96. — (Encre Lorilleux).

DERNIÈRES PUBLICATIONS

Format grand in-18, à 3 fr. 50 le volume.

G. D'ANNUNZIO vol.
Triomphe de la mort...... 1

RENÉ BAZIN
En Province'............... 1

BRADA
Les Épouseurs 1

ÉDOUARD CADOL
L'Archiduchesse 1

ÉDOUARD DELPIT
Cœur déçu............... 1

A. DE FERRY
Les Épines ont des Roses. 1

MARY FLORAN
Le Mariage de Clément... 1

ANATOLE FRANCE
Le Lys rouge............ 1

A. FOGAZZARO
Daniel Cortis............ 1

EDMOND GONDINET
Théâtre complet, t. V..... 1

CH. GOUNOD vol.
Mémoires d'un Artiste.... 1

GYP
Bijou................... 1

HENRY HARRISSE
L'abbé Prevost........... 1

HENRI LAVEDAN
Les Petites Visites....... 1

PIERRE LOTI
La Galilée.. 1

HENRY RABUSSON
Vaine rencontre.......... 1

JEAN REIBRACH
La Crise................ 1

J. RICARD
Ménages de Paris........ 1

RICHARD O'MONROY
Quand j'étais Capitaine... 1

LÉON DE TINSEAU
Bien folle est qui s'y fie !. 1

A. WODZINSKI
Srebro père et fils....... 1

Paris. — Imprimerie A. DELAFOY, 3, rue Auber.